TRANSPARENT

Band 23

V&R

Prof. Dr. med. Karl König, geb. 1931, ist Leiter der Abteilung Klinische Gruppenpsychotherapie an der Universität Göttingen.

Aus seinem umfangreichen wissenschaftlichen Werk hat bereits seine »Kleine psychoanalytische Charakterkunde« (Vandenhoeck & Ruprecht) sehr viele Leser weit über die Fachöffentlichkeit hinaus gefunden.

Karl König

Kleine Entwicklungspsychologie des Erwachsenenalters

Vandenhoeck & Ruprecht
Göttingen · Zürich

Die Deutsche Bibliothek – CIP-Einheitsaufnahme

König, Karl:
Kleine Entwicklungspsychologie des Erwachsenenalters /
Karl König. – Göttingen ; Zürich : Vandenhoeck und Ruprecht, 1995
(Transparent ; Bd. 23)
ISBN 3-525-01718-9
NE: GT

Umschlaggestaltung: Rudolf Stöbener

Umschlagabbildung:
Hans Gottfried von Stockhausen,
Wachsen, 1979,
Glasbild, 60 × 70 cm

Printed in Germany
Schrift: Palatino
Druck und Bindung: Hubert & Co., Göttingen
Gedruckt auf chlor- und säurefreiem Papier

Inhalt

Vorwort

Erbe und Umwelt sind bei der Entwicklung eines jeden Menschen von der Konzeption bis zum Tode wirksam. Kinder sind für Umwelteinflüsse besonders empfänglich. Entwicklungsstörungen in der Kindheit beeinflussen das ganze spätere Leben. Man kann die Einflüsse der Erfahrungen in der Kindheit und Jugend aber auch überschätzen.

Erwachsene können mit dem, was sie aus Kindheit und Jugendzeit mitbringen, und mit der Umwelt, die sie als Erwachsene vorfinden und die sie als Erwachsene gestalten, verschieden umgehen. Dieses Buch befaßt sich mit Erwachsenwerden und Erwachsensein, mit Altern und Tod. Für die Probleme verschiedener Lebensabschnitte gibt es spezifische Lösungsmöglichkeiten.

Für interessante und relevante Diskussionen danke ich wieder meinen früheren und jetzigen Mitarbeitern, insbesondere Joachim Biskup, Reinhard Kreische, Falk Leichsenring und Hermann Staats. Frau Erika Dzimalle und Frau Elisabeth Wildhagen danke ich für Schreibarbeiten, Frau Wildhagen auch für Hilfe bei der Korrektur. Frau Judith Hagen und Herrn Ulrich Seidler danke ich für das Suchen und Finden von Literatur. Meiner Frau Gisela und meinem Sohn Peter danke ich wieder für Anregungen und Geduld.

Volljährig mit achtzehn oder mit einundzwanzig Jahren?

Nach dem Gesetz wird man in Deutschland mit achtzehn Jahren volljährig. Bis Ende 1974 waren es einundzwanzig Jahre. Welche Gründe die Veränderung (ab 1.1.1975) seinerzeit auch gehabt haben mag, die Herabsetzung des Volljährigkeitsalters auf 18 Jahre entspricht auf der einen Seite der Akzeleration. Adoleszente kommen heutzutage früher in die Pubertät. Auf der anderen Seite scheint die Adoleszenz, also das psychische Korrelat der körperlichen Umstellungen während der Pubertät, nicht früher beendet zu sein. Das hat auch etwas mit den Lebensverhältnissen zu tun. Bis zur ökonomischen Selbständigkeit brauchen Menschen, die studieren, heute mehr Zeit, weil sich die Studienzeiten erheblich verlängert haben. So dauert ein Jurastudium heute nicht mehr 6 Semester, sondern erheblich länger. Ein Medizinstudium dauert 11 Semester. Bis zur Approbation vergehen dann noch einmal einige Jahre. Erikson (1966) hat darauf hingewiesen, daß die Studenten sich noch in einem Moratorium befinden, einem Zwischenzustand, der erst dann beendet wird, wenn sie in ihrem Beruf Geld verdienen und ihnen ein Maß an Selbständigkeit zugestanden wird, das einer abgeschlossenen Berufsausbildung entspricht.

Heute klingt es manchmal wie ein Märchen, wenn man erzählt bekommt, daß Ärzte sich um die Jahrhundertwende Anfang bis Mitte zwanzig in einer Praxis niederließen, entsprechendes galt für Rechtsanwälte. Die Lebenszeiten waren zwar kürzer als heute, aber nur auf den Mittelwert bezogen. Denn die durchschnittliche Lebenszeit wird ja am meisten durch die Kindersterblichkeit beeinflußt. Wer das zwanzigste Lebensjahr erreicht hatte, konnte im allgemeinen damit rechnen, bis zu einem Alter zu arbeiten, das dem heutigen Renten- oder Pensionsalter entspricht. Heute werden viele erst Ende zwanzig oder mit dreißig mit ihrem Studium fertig.

Andererseits können Achtzehnjährige Rechtsgeschäfte tätigen und sie haben das aktive Wahlrecht. Sie können auch ein eigenes Geschäft eröffnen. Man kann insgesamt sagen, daß den jungen Leuten heute in manchen Bereichen mehr, in anderen Bereichen weniger Selbständigkeit zugestanden und ermöglicht wird. Insgesamt habe ich den Eindruck, daß es sich bei den Jugendlichen, die alle juristischen Möglichkeiten von Selbständigkeit nutzen, eher um Ausnahmen handelt. Im Durchschnitt scheint die Zeit bis zur wirklichen Selbständigkeit länger geworden zu sein. Jugendliche, die noch ökonomische und psychische Unterstützung von den Eltern erwarten, berufen sich einerseits darauf, daß sie nun volljährig seien und deshalb zum Beispiel nicht zu einer bestimmten Zeit abends nach Hause kommen müßten, was von den Eltern dann gelegentlich mit dem bekannten Ausspruch gekontert wird: »Solange du deine Füße unter meinen Tisch stellst ...« Andererseits bleiben sie länger im elterlichen Haushalt.

Die Zeit der juristischen Volljährigkeit mit 18 Jahren besteht noch nicht lang. Weil sich seither in der Gesellschaft auch sonst viel verändert hat, kann man schwer sagen, wie die frühere Volljährigkeit sich auf die Entwicklung, den Status und die Lebensmöglichkeiten der Jugendlichen auswirkt. Ich meine, daß sie die Ablösung der Jugendlichen aus den Familien erleichtert, weil sie eine Legitimation gibt, sich mit selbst gewählten Vorbildern zu identifizieren; entweder mit Vorbildern aus der

Gleichaltrigengruppe oder mit Erwachsenen außerhalb der Familie.

Die Eltern haben in der Regel schon vor Beginn eines Universitätsstudiums ihr Bestimmungsrecht über die Jugendlichen verloren, ihr tatsächlicher Einfluß auf die Berufswahl der Jugendlichen und auf die Gestaltung von deren weiterem Lebensweg kann aber durchaus zunehmen, eben weil juristisch nichts mehr erzwungen werden kann. Vielleicht sind einige Jugendliche deshalb eher geneigt, ihre Eltern als Ratgeber in Anspruch zu nehmen. Bei anderen Jugendlichen könnte es wiederum sein, daß sie selbst das Volljährigsein mit achtzehn Jahren als unrealistisch und unpassend ansehen. Viele Jugendliche fühlen sich gerade in diesem Alter noch ohne Orientierung; besonders dann, wenn sich ihre Absichten und Pläne stark von dem unterscheiden, was die Eltern beabsichtigt und gelebt haben. In solchen Fällen könnte die frühe Volljährigkeit eine Ablösung von den Eltern sogar behindern nach dem Motto: »Wenn ich jetzt schon volljährig sein soll und mich das überfordert, muß ich sicher noch ziemlich lange warten, bis ich wirklich selbständig und eigenverantwortlich bin«.

Die langen Ausbildungszeiten haben – zumindest bei der studierenden Jugend – zu einem Auseinanderklaffen von Partnerbindung und beruflicher Selbständigkeit geführt. Viele junge Leute gehen heute schon als Studenten eine Bindung mit Langzeitperspektive ein, oft ohne sich die Zeit zu nehmen, selbständig zu sein und aus der Position der Selbständigkeit heraus eine Bindung zu suchen. Sie plumpsen gewissermaßen vom Elternhaus in eine Paarbeziehung.

In früheren Zeiten, als Zusammenleben noch das Verheiratetsein voraussetzte, heirateten wenige Studenten. Viele junge Studentinnen gaben das Studium auf und heirateten einen älteren Studenten, mit dem sie sich noch während des Studiums verlobten, oder sie wurden von jungen Akademikern geheiratet, die ihr Studium schon hinter sich hatten. Für Studenten war es im allgemeinen leichter, mit der Heirat zu warten, weil die Ausbildungen kürzer dauerten. So war es überhaupt nur möglich, daß im medizinischen Bereich viele Klinikchefs, besonders an den Universitätskliniken, von den Assistenten erwarteten, daß sie nicht heirateten, sondern ihre gesamten Kräfte und auch einen großen Teil der außerdienstlichen Zeit ihrer Klinik zur Verfügung stellten. Eine Regelung, die Assistenten, die vorher heirateten, zwingt, eine Klinik zu verlassen, wäre heute wohl völlig undenkbar.

Insgesamt kann man sagen, daß sich die Zeit bis zum Abschluß einer akademischen Berufsausbildung verlängert, die Zeit, die vergeht, bis junge Leute zusammenwohnen, sich aber verkürzt hat. Dies und auch die veränderte Rollenerwartung der Frau, die heute sowohl einen qualifizierten Beruf ausüben als auch Kinder haben möchte, führt das zu erheblichen Spannungen in den Beziehungen und oft auch zu einer weiteren Verlängerung der Berufsausbildung, weil man sich dem Studium nur zum Teil widmen kann; vor allem natürlich dann, wenn während des Studiums schon Kinder geboren werden.

Bei kürzeren Berufsausbildungen, vor allem in den Handwerker-, den Facharbeiter- und auch vielen Technikerberufen – überhaupt in Berufen, zu deren Erlernen der Besuch einer Fachhochschule notwendig ist, wo die Studienzeiten doch erheblich kürzer sind, liegen die Verhältnisse anders. Ein Zusammenleben in ökonomischer Bedrängnis kommt seltener vor und wenn doch, dann dauert es kürzer. Die Erwartungen der Partner aneinander ähneln auch mehr denen von vor dreißig oder fünfzig Jahren. Dazu trägt bei, daß es in den Handwerksberufen schon immer einen festen Platz der mitarbeitenden Ehefrau gegeben hat – sei es, daß sie die Produkte im

Geschäft verkauft, die ihr Mann zusammen mit den Angestellten herstellt, sei es, daß sie in einem Handwerksbetrieb die Buchhaltung macht und die Telefonanrufe entgegennimmt. In der Landwirtschaft hat die Bauersfrau nach wie vor einen festen Platz. In akademischen Berufen hingegen ist ein berufliches Zusammenwirken viel seltener möglich und wenn doch, ergeben sich mannigfache Schwierigkeiten. Um jene Schwierigkeiten, die aus Konkurrenzsituationen entstehen können, zu vermindern, sollte eine deutliche Absprache über die Arbeits- und Zuständigkeitsbereiche geschaffen werden.

Sexualität in den verschiedenen Lebensabschnitten

Die von der Darwinschen Evolutionslehre abgeleitete Evolutionspsychologie (z.B. Vogel 1989, Buss 1994) leitet viele Einstellungen und Verhaltensweisen im Bereich der Sexualität von einem Streben nach Fortpflanzungserfolg ab. Menschliche Einstellungen und Verhaltensweisen, die Sexualität betreffend, haben sich im Laufe der menschlichen Entwicklung »herausgemendelt«. Solche Einstellungen und Verhaltensweisen, die es dem Träger erleichterten, seine eigenen Gene weiterzugeben, führten zum Überwiegen jener Gene. So läßt sich zum Beispiel die größere Selektivität von Frauen bei der Partnerwahl erklären. Eine Frau kann im Jahr höchstens einmal schwanger werden. Um den Nachwuchs am Leben zu erhalten, aber auch schon während der Schwangerschaft, brauchte eine Frau zur Zeit der Jäger und Sammler einen Partner, der sie beschützte und der später zusammen mit ihr für die Kinder sorgte. Zum Überleben ihrer Gene war es zweckmäßig, wenn sie einen Mann wählte, bei dem eine Bindungsbereitschaft zu vermuten war und dessen soziale Stellung ihr und damit auch dem Nachwuchs eine gute Position sicherte. Sie mußte vor allem fürchten, daß der Mann die Bindung an sie aufgab. Weniger beunruhigen mußte es sie, wenn er »fremdging«, ohne sich an die andere Frau binden zu wollen. Umgekehrt mußte ein Mann das Fremdgehen der Frau bedrohlicher finden, weil dann die Gefahr bestand, daß er den Nachwuchs eines anderen aufzog, statt den eigenen.

Heute ist unsere Gesellschaft komplexer geworden. Die Evolution hatte aber noch nicht die Zeit, sich den veränderten Verhältnissen »anzupassen«.

Die beschriebenen Einstellungen und Verhaltensweisen entsprechen natürlich nicht in allem der gängigen Moral. In manchem passen sie besser zur »doppelten Moral« im Europa der Jahrhundertwende und des 19. Jahrhunderts. Daß sich Moralvorstellungen entwickelt haben, die liberaler sind, hängt mit den erweiterten Möglichkeiten der Kontrazeption in unserem Jahrhundert zusammen.

Die Sexualität hat neben der reinen Fortpflanzungsfunktion eine starke bindende Kraft (z.B. Bowlby 1975). Beim Mann leitet sie oft eine Beziehung ein, während bei der Frau meist erst eine Beziehung vorhanden sein muß, ehe Sexualität zugelassen wird. Die bindende Kraft der Sexualität steht auch im Dienste der Fortpflanzungsfunktion, weil Menschen mit einem befriedigenden Sexualleben in der Regel besser miteinander auskommen und deshalb bessere Eltern sein können. Umgekehrt äußern sich Störungen in der Beziehung natürlich auch in einer Störung des Sexuallebens. Paartherapeuten wissen, daß Störungen der Sexualität nicht allein Ausdruck von Störungen in der Partnerschaft sind; umgekehrt wirken sich aber primäre Störungen der Sexualität auf eine Beziehung labilisierend aus. (z.B. König und Kreische 1991).

In der Adoleszenz geht es unter anderem darum, eine Geschlechtsidentität zu finden, die lebbar ist. Das heißt, eine Geschlechtsidentität, die im Rahmen jener Rollenangebote verwirklicht werden kann, die in einer Gesellschaft zur Verfügung stehen. Umgekehrt haben Wünsche nach anderen Geschlechtsidentitäten eine gesellschaftsverändernde Kraft, wie wir das in der Frauenemanzipation erlebt haben und weiter erleben.

Natürlich wirken sich Veränderungen in den Rollenangeboten für das eine Geschlecht auch in den Rollenangeboten für das andere Geschlecht aus, da beide bis zu einem gewissen Grade komplementär sind. So sind viele Veränderungen in den Rollenangeboten für Männer nicht aus deren Wünschen entstanden, sondern aus den veränderten Wünschen der Frauen, was dann aber wieder auf die Frauen zurückwirkt. Zum Beispiel ist es heutzutage viel häufiger als noch vor dreißig Jahren, daß ein Mann von der Frau einen finanziellen Beitrag zum Unterhalt der Familie erwartet, und die Frau erwartet einen Arbeitsbeitrag im Haushalt und in der Betreuung der Kinder. Erfüllt der Mann diesen Wunsch, hat er oft Nachteile im beruflichen Bereich, die aber durch eine Berufstätigkeit der Frau zumindest finanziell kompensiert werden können.

Im Angelsächsischen unterscheidet man zwischen Sex und Gender. Sex bezeichnet Sexualität im engeren Sinne, Gender die Geschlechtseigenschaften, wie sie sich im sozialen Feld darstellen. Im folgenden soll es um beides gehen. Aus dem Kontext wird jeweils deutlich, was gemeint ist.

Bei Frauen tritt der Wunsch nach Bindung in einer Partnerschaft im allgemeinen früher auf als bei Männern, denen ein gewisses Maß an Bewegungsfreiheit wichtig bleibt. Zeitlich sind die Frauen eingeschränkter als die Männer, deren Fortpflanzungsfähigkeit bis ins höhere Lebensalter erhalten bleibt.

Oft kommt es nicht zu einer Entscheidung zwischen dem Wunsch nach Freiheit und dem Wunsch nach Bindung. Kompromisse werden gesucht, die diesen Konflikt scheinbar in der Schwebe lassen. Man lebt zusammen, verzichtet aber auf eine Heirat, auch wenn schon Kinder da sind. Es kommt zu dem, was Buddeberg (1994) das »Chronifizierte Konkubinat« nennt. Eigentlich will man zusammenbleiben, aber der Verzicht auf eine Bindung nach dem Gesetz beläßt ein Gefühl von Freiheit, auf das man nicht verzichten möchte. Mobilität bleibt oft für beide Geschlechter bis ins mittlere Erwachsenenalter ein hoher Wert, Mobilität und die Möglichkeit zum Wechsel. Zwar wird eine stabile Beziehung aufrechterhalten, man macht aber auch viel mit anderen Menschen. Das kann zu einem guten Kompromiß führen, es kann aber auch sein, daß die Beziehung stagniert und Bewegung nur noch in Beziehungen außerhalb der Dyade stattfindet.

Die Stagnation kann die Sexualität zwischen den Partnern mitbetreffen, die Sexualität kann die Beziehung aber auch stabilisieren und dadurch angstfreiere Spielräume in den Außenbeziehungen ermöglichen. Hier hat Sexualität wieder eine wesentliche Bindungsfunktion. Je stärker aber Sexualität das Bindungsverhalten eines Menschen beeinflußt, desto größer ist die Gefahr, daß er sich an einen neuen Partner bindet, wenn doch »fremd«gegangen wird.

Schon in der Adoleszenz – und eigentlich das ganze Leben hindurch – hat Sexualität einen wesentlichen Bezug zum Selbstwertgefühl. Als männliches oder weibliches Wesen attraktiv zu sein, spielt schon während der sogenannten ödipalen Phase der Entwicklung und auch in der Zeit, die ihr unmittelbar vorausgeht, der sogenannten phallischen Entwicklungsphase, eine große Rolle.

In der phallischen Entwicklungsphase werden die Geschlechtsunterschiede deutlich und es kommt sehr auf das Anerkennen von Geschlechtseigenschaften an. Während der ödipalen Phase treten die Kinder in eine Konkurrenz mit den Eltern. Mädchen konkurrieren mit der Mutter um den Vater, Jungen mit dem Vater um die Mutter. Gleichzeitig möchten sie aber Vater und Mutter beide für sich erhalten, und Mädchen konkurrieren dann mit dem Vater um die Mutter, Jungen mit der Mutter um den Vater. Bei einer heterosexuellen Entwicklung steht jeweils die Konkurrenz mit dem Partner des gleichen Geschlechts im Vordergrund und spielt meist auch das ganze Leben lang eine wesentliche Rolle.

Das Kind kann natürlich nicht wirklich Partner eines Erwachsenen werden. Hat es aber diese Illusion und wird die Illusion durch das Verhalten des einen oder anderen Elternteils gestärkt, fehlt es später oft an Motivation, Erwachsenenkompetenzen zu erwerben, da man sie ja scheinbar nicht braucht, um vom anderen Geschlecht akzeptiert zu werden.

Während der Adoleszenz beschäftigen sich die Jungen und mehr noch die Mädchen sehr mit ihrem Äußeren. Schwierigkeiten im Umgang mit dem anderen Geschlecht, die schlicht auf einem Mangel an sozialer Kompetenz beruhen, werden dem Aussehen zugeschrieben. Wenn man schöner wäre, hätte man es leichter.

Die Evolutionspsychologie liefert Erklärungen dafür, weshalb Frauen mehr auf die Funktion der Männer achten – also auf ihr Können und ihren sozialen Status, den sie sich ja meist aufgrund von Können erwerben –, und Männer mehr auf die Form, das heißt, das Aussehen der Frauen. Die Schönheit der Frauen wird mit Gebärfähigkeit und mit »guten Genen« gleichgesetzt.

Im höheren Lebensalter tritt bei Paaren, die schon länger zusammen sind, die Bindefunktion von Sexualität in den Vordergrund. Wenn für ein Paar die Zeit des Kinderkriegens vorbei ist, bezieht Sexualität aus ihrer Bindungskraft immer noch eine moralische Berechtigung für solche Partnerinnen und Partner, die eine moralische Berechtigung für Sexualität brauchen. Oft wird von Frauen aber das Sistieren der Menstruation als Begründung dafür herangezogen, mit einem immer schon ungeliebten Geschlechtsverkehr aufzuhören; vor allem wohl bei solchen Frauen, die sich in der Sexualität als »Dienerin« des Mannes verstanden haben.

Gegen das Ende des Lebens erhält die sexuelle Betätigung eine Konnotation von »noch leistungsfähig« und »noch attraktiv«. Im Französischen spricht man vom »grünen Greis«. Frauen verbergen es eher, wenn sie noch sexuell aktiv sind. Buddeberg weist aufgrund seiner langjährigen Tätigkeit als Sexualberater und Sexualtherapeut am Klinikum der Universität Zürich darauf hin, daß gerade bei älteren Menschen die Angst vor dem Sterben im sexuellen Bereich eine Rolle spielen kann.

Für viele Menschen ist der Gedanke, ihre Eltern könnten auch dann noch sexuell tätig sein, wenn sie selbst schon erwachsen sind, unangenehm. Haben die Eltern die Siebzig überschritten, sind deren Kinder oft »sicher«, daß zwischen den Eltern keine Sexualität mehr stattfindet und sie fallen aus allen Wolken, wenn sie erfahren, daß das doch noch der Fall ist.

Mit zunehmender Aufklärung wird sich das vielleicht ändern. Die jungen Erwachsenen haben ja auch ein starkes Motiv, die Sexualität älterer Menschen zu akzeptieren – sie werden selbst einmal alt. Alte Menschen, die noch »gut drauf« sind, werden von Jüngeren oft bewundert, und das kann sich auch auf den Bereich der Sexualität beziehen.

Die Fixierung auf die Zweierbeziehung in verschiedenen Altersstufen

Zweierbeziehungen spielen im Leben der Menschen eine sehr große Rolle. Man denke nur an die Beziehung zwischen Mutter und Kind, an die Beziehung der Tochter zum Vater oder die Beziehung von Mann und Frau.

In den drei genannten Beziehungen ist aber immer auch eine dritte Person präsent. Die enge Beziehung zwischen Mutter und Kind, wie sie in den ersten Lebensmonaten besteht, wird in der Regel bald dadurch verändert, daß der Vater sich bemerkbar macht. Er kümmert sich seinerseits um das Kind und beansprucht auch die Mutter wieder mehr für sich; meist etwa dann, wenn das Kind seine eigenen Bedürfnisse deutlicher signalisiert, so daß sich die Mutter weniger erratend in das Kind einfühlen muß. Der Vater plant das nicht, meist hat er ein Gefühl dafür, wann es wieder möglich wird, mehr eigene Ansprüche an die Mutter zu stellen. Manche Väter haben dieses Gefühl aber nicht, sie beanspruchen die Mutter zu früh und werden dann zurückgewiesen. Andererseits lassen manche Mütter es aber auch spät oder sehr spät zu, daß der Vater in die Beziehung zwischen Kind und Mutter eingreift.

Auch in die Beziehung zwischen zwei erwachsenen Partnern können andere eindringen. Zum Beispiel kann sich das Interesse eines der Partner einer dritten Person zuwenden, was die Zweierbeziehung unter Umständen gefährdet. Auch wenn ein Kind zur Welt kommt, wird die Zweisamkeit des Paares verändert. Denn das neugeborene Kind beansprucht die Aufmerksamkeit der Mutter zunächst sehr.

Obwohl uns Zweierbeziehungen sehr wichtig sind, gibt es dauerhafte Zweierbeziehungen eigentlich nur in der Phantasie. Nur wenige Menschen führen ein ganzes Leben nur zu zweit, ohne daß Dritte hinzukommen.

Das ist, was man von außen beobachten kann. Im Inneren eines Menschen kann es aber anders aussehen. Es gibt Menschen, die auf die *dyadische Beziehungsform fixiert* (König 1995) sind und zwar in der Weise, daß von den anwesenden Menschen immer nur eine Person wichtig ist. Alle anderen sind unwichtig. Das Entstehen einer solchen inneren Einstellung kann man sich so erklären, daß der betreffende Mensch in der frühen Zweierbeziehung zur Mutter steckengeblieben ist. Das kann damit zusammenhängen, daß kein Vater oder überhaupt keine dritte Person im Alltag des Kindes anwesend war. Es kann aber auch so gewesen sein, daß eine dritte Person zwar anwesend, aber nicht eigentlich präsent war. Der Anreiz zur Bildung einer Dreierbeziehung und damit die Fähigkeit, sich vorzustellen, daß einem Menschen zwei andere gleich wichtig sein können, wie zum Beispiel einer Mutter der Vater des Kindes und das Kind selbst, kann so nicht gebildet werden.

Eine andere Möglichkeit ist noch, daß das Kind aus anderen Gründen, zum Beispiel, weil die Mutter nicht die Zeit oder die Möglichkeit hat, mit dem Kind genug Zeit zu verbringen oder empathisch mit ihm umzugehen, in einer frühen Entwicklungsphase steckenbleibt, zum Beispiel in einer symbiotischen Beziehung zur Mutter, mit der die Struktur »Zweierbeziehung« verbunden ist. Auch wenn Reize zur Triangulierung hinzukommen, ist das Kind oft nicht in der Lage, diese Reize aufzunehmen. Es bleibt deshalb auf die dyadische Beziehungsform fixiert.

Die Welt der dyadisch fixierten Person sieht anders aus, als die Welt eines Durchschnittsmenschen. Für sie ist immer nur eine Person wichtig, und weil sich alle Aufmerksamkeit nur auf eine Person beschränkt, kann eine große Abhängigkeit von dieser einen Person entstehen.

Schon in der Entwicklung des Kindes zum Erwachsenen wirkt sich das aus. Zum Beispiel hat ein Kind, das sich auf eine enge Beziehung zum gegengeschlechtlichen Elternteil einläßt, oft Angst, das gleichgeschlechtliche Elternteil könnte ihm aus dem Blick geraten oder tatsächlich verlorengehen. Ist die Fixierung auf eine dyadische Beziehung sehr stark, macht das dem Kind nichts aus. Ist die Fixierung aber nur partiell, tritt große Angst auf. Das Kind möchte auch das gleichgeschlechtliche Elternteil behalten, fühlt sich aber außerstande, zu ihm eine ebenso wichtige Beziehung zu behalten wie zum gegengeschlechtlichen Elternteil. Der Sohn hat eine enge Beziehung zur Mutter und fürchtet, den Vater ganz zu verlieren; für die Tochter gilt das Entsprechende.

In der Adoleszenz kann sich eine dyadische Fixierung unterschiedlich auswirken. Entweder hängt der Jugendliche an einer Person, meist an der Mutter und kann sich von ihr nicht lösen. Dabei unterläßt er wichtige Entwicklungsschritte. Er identifiziert sich nicht mit Gleichaltrigen und sucht sich keine erwachsenen Vorbilder außerhalb der Familie. Oder er trennt sich völlig von der Familie, ohne daß ein Ablösungsprozeß vorausgegangen wäre. Zum wichtigen Objekt wird dann eine Person oder eine wie eine homogene Gruppe empfundene Gruppe von Personen außerhalb der Familie oder eine erwachsene, vorbildhafte Figur.

In einer späteren Partnerschaft kann sich eine dyadisch fixierte Mutter ganz dem Kind zu- und vom Partner abwenden. Der Partner fühlt sich dann abgeschrieben. Ist nicht die Mutter, sondern der Partner dyadisch fixiert, kann die Mutter versuchen, eine Beziehung zu zwei Personen, nämlich dem Kind und dem Vater des Kindes aufrechtzuerhalten. Es gelingt ihr aber nicht, weil der Vater nicht in der Lage ist, sich vorzustellen, daß eine solche Dreiecksbeziehung, in der einer jeden Person zwei andere wichtig sind, überhaupt möglich sei.

Mit Gruppen von Menschen kann eine dyadisch fixierte Person in der Regel nicht differenziert umgehen. Die einzige Möglichkeit, in einer Gruppe von Menschen zu allen Beziehungen zu haben, ist, sie wie eine Person zu sehen. Die dyadisch fixierte Person macht dann zwischen den Personen in der Gruppe keine Unterschiede. Sie hat eine Beziehung zu ihnen, weil sie Mitglied der Gruppe sind.

Zur dyadischen Fixierung gibt es ein Gegenstück. Personen, die in israelischen Kibbuzim aufgewachsen sind, sind oft auf die Mehr-Personen-Beziehung fixiert, was damit zusammenhängt, daß sie in Kinderkrippen, Kindergärten und Horten je nach Altersstufe aufgezogen werden, wobei die erwachsene Beziehungsperson jeweils auf eine Altersstufe spezialisiert ist. Eine Gruppe von Kindern wechselt von der einen zur anderen Beziehungsperson. Die einzigen konstanten Beziehungspersonen sind die Kinder innerhalb der Kindergruppe. Kinder mit einer solchen Vorgeschichte haben Zweierbeziehungen ohne die Konkurrenz durch andere nie erlebt. Die »Ersatzmütter« sind auch nicht in der Lage, jedem einzelnen Kind so viel Zuwendung zu geben, wie eine Mutter ihrem Kind geben würden. Eine Folge dieser Betreuung und Erziehung in Kindergruppen ist jedoch, daß die Kinder als Erwachsene sehr gut in der Lage sind, mit mehreren Personen umzugehen.

Die Fixierung auf die dyadische Beziehungsform ist als Phänomen schon seit längerem bekannt (z.B. Abelin 1971, 1975). Die klinischen Konsequenzen sind aber noch wenig bedacht worden und werden auch in Therapien noch wenig genutzt. In einem Buch über Entwicklungspsychologie wie in diesem kann ich auf das interessante Gebiet der technischen Konsequenzen für eine psychoanalytische Therapie nicht eingehen. Ich will nur darauf hinweisen, daß sich viele Schwierigkeiten in Beziehungen aus einer Fixierung auf die dyadische Beziehungsform ergeben und jeder, der eine solche Fixierung bei sich bemerkt, daran denken sollte, sich therapeutische Hilfe zu holen.

Dyadisch fixierte Menschen scheitern oft in ihren Partnerschaften, weil sie den Partner überfordern. Frauen, die ein Kind bekommen, wenden sich ganz oder zumindest für längere Zeit dem Kind zu. Dyadisch fixierte Väter gehen in einer solchen Situation häufig fremd, sie suchen sich dann eine andere wichtige Beziehungsperson, weil sie sich von der Mutter des Kindes abgeschrieben fühlen. Die Beziehung bekommt oft einen nicht mehr heilbaren Riß, wenn sie nicht überhaupt auseinanderbricht.

Manchmal gehen die Männer auch schon während der Schwangerschaft fremd, weil sie den Eindruck haben, daß die Mutter sich von ihnen abgewandt und dem Kind, mit dem sie schwanger geht, ganz zugewandt hat. Ist die Mutter dyadisch fixiert, kann das tatsächlich der Fall sein. Ist nur der Vater dyadisch fixiert, stellt er sich das als Tatsache vor, obwohl es bei einer Mutter, die nicht dyadisch fixiert ist, gar nicht zutrifft.

Auch in vielen Alltagssituationen sind dyadisch fixierte Menschen Kränkungen ausgesetzt. Unterhalten sie sich mit einer Person auf einer Party, kommt ein Dritter hinzu und wechselt derjenige, mit dem sie sich bisher unterhalten haben, mit dem Neuhinzugekommenen auch nur einige Worte, fühlen sie sich sofort abgeschrieben und reagieren gekränkt oder mit Angst.

Mit zunehmenden Alter vereinsamen die dyadisch fixierten Menschen oft völlig, wenn es ihnen nicht gelungen ist, einen Dauerpartner zu finden, der das schwierige, oft auch überfordernde Zusammenleben mit ihnen erträgt, vielleicht deshalb, weil er selbst dyadisch fixiert ist und eine ausschließliche Zweierbeziehung sucht. Von außen gesehen erscheinen solche Beziehungen oft ganz ideal. Die Betrachter bekommen nicht mit, wie labil sie doch sind und wie viel Energie es kostet, sie aufrechtzuerhalten. Jedenfalls sind die Lebensmöglichkeiten jedes Partners stark eingeschränkt. Bei dem Zusammenschluß zweier dyadisch fixierter Personen wird aber von ihnen manchmal nicht gesehen, worauf sie verzichten müssen, um die einzige Beziehungsform zu leben, zu der sie imstande sind.

Neid

Im Zusammenhang mit dem viel diskutierten *Penisneid* nimmt der Gefühlszustand des Neidisch-Seins in der Psychoanalyse von jeher einen wichtigen Platz ein. Entsprechend den ursprünglichen Vorstellungen von Freud (1905) beneidet das Mädchen seinen Bruder oder den Vater um den Penis und entwickelt die Phantasie, selbst einmal einen gehabt zu haben. Heute nimmt man an, daß es beim Penisneid nicht nur um die anatomische Ausstattung, sondern auch um die größeren Möglichkeiten und Freiheiten geht, die man einem Jungen zugesteht. Daß man heute *Gebärneid*, die männliche Entsprechung, die sich auf das Mutter-Sein bezieht, häufiger findet als noch vor zwanzig oder dreißig Jahren, hängt vielleicht nicht nur damit zusammen, daß man eher geneigt ist, danach zu suchen, sondern auch mit der veränderten Stellung der Mutter in der modernen Familie. Die Mutter kann beides – berufstätig sein und Kinder zur Welt bringen.

Worum man einen anderen beneidet, hängt natürlich von gesellschaftlichen Bewertungen ab. In den USA gibt es an den Colleges und Highschools Wahlen, bei denen »the most popular« gewählt wird, aber auch »the most likely to succeed«. Für Mädchen ist es meist wichtig, »popular« zu sein, für den Jungen »most likely to succeed«. Der Erfolg der Mädchen wird mehr daran gemessen, wie begehrt sie als Partnerinnen sind.

In Europa beneiden Männer andere Männer mehr um ihren beruflichen Erfolg, Frauen andere Frauen mehr um ihre Beliebtheit beim anderen Geschlecht. Für den beruflichen Erfolg spielt bei Männern ein äußerer Faktor eine nicht zu unterschätzende Rolle – die Körpergröße. Bei Männern mit gleichen Voraussetzungen scheinen längere Männer mehr Erfolg zu haben. Das hängt wahrscheinlich damit zusammen, daß Erfolg in vielen männerspezifischen Berufen etwas mit der Fähigkeit zu tun hat, zu dominieren. Auch der Erfolg beim anderen Geschlecht hängt mit von der Körpergröße ab.

Da der Sozialstatus von Ehefrauen auch heute noch überwiegend durch den Sozialstatus des Mannes bestimmt wird, leiden Ehefrauen unter Karriererückschlägen ihres Mannes auch in ihrem Ansehen. Sie gewinnen umgekehrt an Ansehen, wenn ihr Mann Erfolg hat. Dagegen wird das Ansehen eines Mannes auch heute kaum durch Erfolge seiner Frau gesteigert – im Gegenteil. Ebenso wirken sich berufliche Mißerfolge der Frau wenig auf den Sozialstatus ihres Mannes aus. Man kann wünschen, daß all dies anders wäre, aber in diesem Buch soll dargestellt werden, was ist und nicht, was sein sollte.

Neid auf Erfolg kann fressende Züge haben. Fressend meint hier, daß die eigene Substanz aufgezehrt wird, die eigenen Kräfte verbraucht werden. Im Vergleich zum beruflichen Erfolg des anderen verblassen die eigenen Errungenschaften. Es gibt eine Gier, die weniger in einem autochthonen Haben-Wollen besteht, sondern mehr in einem Auch-Haben-Wollen. Gier ist dann durch Neid bestimmt. Schon das Wissen um die Tatsache, daß es immer noch etwas Besseres gibt, kann bewirken, daß jemand immer mehr will und das Erreichte nie genießen kann. In dem Märchen vom »Fischer und siner Fru« wird das dargestellt. Die Frau des Fischers verlangt vom Butt immer mehr, bis sie schließlich wie Gott sein will und darauf mit ihrem Mann zusammen wieder »im Pißpot« landet.

Mit Haben-Wollen, gleich ob es ein autochthones Haben-Wollen oder ein Haben-Wollen aus Neid ist, kann man per *altruistischer Abtretung* umgehen. Es handelt sich hier um einen Abwehrmechanismus, der zuerst von Anna Freud (1936) beschrieben wurde und der darin besteht, daß man einen anderen Menschen fördert, um per Identifizierung das vom ihm Erreichte mitzugenießen. Es handelt sich hier um einen Abwehrmechanismus mit positiven sozialen Auswirkungen.

Neid kann sich dann positiv auswirken, nämlich in einer Steigerung der Arbeitsproduktivität, wenn man einen anderen um etwas beneidet, und deshalb arbeitet, um es zu erwerben. Neid kann sich aber auch destruktiv auswirken, nämlich dann, wenn man das, was der andere hat, zerstören will, weil man es selbst nie bekommen kann. Solch destruktiver Neid findet sich zum Beispiel bei älteren Männern, die ihren Rest-Einfluß daran setzen, jungen Männern das Fortkommen zu erschweren.

Destruktiver Neid äußert sich auch im Verbalen. Was der andere hat und man nicht bekommen kann, wird oft verbal schlecht gemacht.

Wer eine erfreuliche Jugend hatte, wird junge Menschen um das, was sie in ihrer Jugend erleben können, in der Regel weniger beneiden als jemand, der in der Jugend viel entbehren mußte. Letzteres gilt für viele Menschen, die im Krieg und in der Nachkriegszeit jung waren.

Alte Menschen werden oft wegen ihrer materiellen Mittel beneidet. Junge Leute sagen, daß sie selbst mit dem Geld viel mehr anfangen könnten als die alten Leute, die ohnehin nicht mehr viel bräuchten, weil sie in ihrer Vitalität eingeschränkt seien. Dabei lassen die Jungen außer acht, daß gerade die eingeschränkte Vitalität der Alten durch Geld kompensiert werden muß. Auf Reisen können Alte nicht mehr so leicht Unbequemlichkeiten auf sich nehmen, die aus Geldmangel resultieren; zum Beispiel das Übernachten in einem Hotel der Außenbezirke einer Stadt, die Benutzung öffentlicher Verkehrsmittel, wo man es zur Haltestelle hin weit hat und dann während der Fahrt vielleicht stehen muß. Sie können auch nicht mehr soviel Gepäck schleppen und oft nicht mehr so leicht Supermärkte in der Peripherie aufsuchen, wo etwas günstig zu kaufen ist. Allgemein kann man sagen, daß alte Menschen für das gleiche Maß an Lebensqualität mehr Geld ausgeben müssen als junge.

Junge Menschen verstehen oft nicht, weshalb sich alte Menschen an bestimmte Posten, zum Beispiel an Ehrenämter, klammern, statt Jüngere ranzulassen. Die Alten tun das ja oft, um Macht auszuüben und so das Abnehmen der eigenen Körperkräfte zu kompensieren oder um sich Anerkennung zu bewahren, die aus dem festgehaltenen Posten kommt und zum Beispiel die Abnahme ihrer körperlichen Attraktivität kompensiert.

Der Neid der Alten auf die Errungenschaften der Jungen äußert sich auch in herabsetzenden Bemerkungen, verknüpft mit dem Hinweis, daß man selbst oder andere aus der gleichen Altersgruppe das schon vorher und damals viel besser gemacht hätte. Alte Wissenschaftler melden sich auf Kongressen immer wieder mit der Diskussionsbemerkung, das Gleiche oder etwas Ähnliches sei schon früher einmal herausgefunden worden. Solche Hinweise können zwar auch nützlich sein, beschränkt sich aber jemand auf sie, wird man mit einer gewissen Wahrscheinlichkeit annehmen können, daß Neid mit im Spiel ist.

Ein glückliches Leben ermöglicht ein tolerantes Alter. Ein unglückliches Leben verdirbt das Alter durch Neid, der zu den ohnehin vorhandenen negativen Aspekten des Altwerdens hinzukommt.

Aggression in verschiedenen Altersstufen

Die Aggressivität von Kindern empfinden wir oft als lästig, aber selten als bedrohlich. Aggressive Kinder werden als »schlimm«, nur selten als »böse« empfunden, auch wenn man ihnen vielleicht sagt, daß sie jetzt böse seien. Allenfalls fürchten die Eltern, ein Kind könnte sich und auch die Eltern in Schwierigkeiten bringen, wenn seine aggressiven Impulse nicht sozialisiert werden.

Anders ist es schon in der Adoleszenz. Die Kinder verfügen über Kräfte, die sich denen der Erwachsenen annähern. Gegen Ende der Adoleszenz ist es meist so, daß die Kinder stärker sind als die Eltern. Körperliche Aggressivität wird schon dadurch bedrohlicher. Aber auch verbale Aggression erhält einen anderen Stellenwert. Sie äußert sich selten in Form von Impulsdurchbrüchen, die der Erwachsene dann als unvernünftig zurückweisen kann. Die Aggressionen treten in einem argumentativen Kontext auf. Zum Beispiel werden die Ansichten der Eltern als überholt bezeichnet, und dafür werden Gründe angegeben. Die Adoleszenten stützen sich nicht mehr nur auf das, was sie selbst meinen. Sie vertreten Meinungen Gleichaltriger oder Meinungen von Erwachsenen, die ihren Meinungen nahe sind. Zwischen den Kindern und den Eltern gibt es wohl in keiner anderen Entwicklungsphase der Kinder so heftige Auseinandersetzungen wie in der Adoleszenz. In den Diskussionen mit den Eltern werden rationale Argumente mit einer radikalen Sicht der Dinge und radikalen Plänen zur Veränderung kombiniert.

Im jungen Erwachsenenalter wird die Aggression bei den Männern meist in den Dienst des beruflichen Voranstrebens gestellt. Im Angelsächsischen spricht man zum Beispiel von aggressiven jungen Managern und auch von aggressiven Verkäufern – nicht kritisch, sondern lobend.

Bei den Frauen, die eine klassische Frauenrolle akzeptieren, tritt aggressives Verhalten in den Hintergrund. Das Auftreten aggressiver Feministinnen und ein aggressives Verhalten von Politikerinnen aus allen Lagern wird dagegen in den Medien stark in den Vordergrund gestellt. Das Verhalten dieser Frauen entspricht aber nicht dem Verhalten der Mehrzahl ihrer Geschlechtsgenossinnen.

Die Männer sollen im Beruf »aggressiv« sein, in der Familie aber nicht aggressiv, sondern nur fleißig. Ihre Aggressivität soll sich nach außen richten. In der Familie hat sie keinen Platz. Dort ist eher Anpassung gefragt. Man könnte sagen, daß vom Familienvater heutzutage ein Verhalten erwartet wird, das dem weiblichen Stereotyp näher ist; besonders dann, wenn der Mann sich an der Hausarbeit und an der Kinderbetreuung aktiv beteiligen soll. Dabei wird oft übersehen, daß bei den Männern dann häufig eine innere Identitätsspannung entsteht, die dadurch gelöst wird, daß der Mann sich ganz in die Richtung des weiblichen Stereotyps entwickelt. Im Beruf wird er weniger »aggressiv« und deshalb auch weniger erfolgreich. Eine andere Möglichkeit ist natürlich, daß der Mann die Erwartungen der Frau ablehnt und sich in eine Macho- oder Pascharolle zurückzieht – oft mit dem Hinweis auf die hohe Arbeitsbeanspruchung im Beruf.

Gerade wenn das Rollenverhalten von Männern und Frauen in der Familie ähnlich wird, kommt es zu Machtkämpfen. Die Tätigkeitsbereiche überschneiden sich, es geht darum, die Zuständigkeitsbereiche aufzuteilen und dies geschieht selten ohne Reibungsverluste. Infolge des Kräfteverbrauchs kann es zu einer Minderleistung des Mannes im Beruf kommen. Sind beide Partner berufstätig, gilt es für beide. Nicht mehr die Familie wird dann als Ort der Ruhe und Erholung erlebt, sondern oft der Betrieb, in dem die Kompetenzen und Zuständigkeiten klarer verteilt und die Reibungsverluste deshalb geringer sind. Das gilt besonders für solche Betriebe, in denen der berufliche Aufstieg von Intelligenz und Fleiß so gut wie allein abhängt, nicht oder kaum vom persönlichen Durchsetzungsvermögen.

In einer modernen Industriegesellschaft kapitalistischen Zuschnitts müssen jedoch die meisten Menschen kämpfen, solange sie arbeiten. Nach Beendigung des Arbeitslebens, im Ruhestand, gibt es oft nicht mehr viel zu kämpfen. Die Aggressivität richtet sich dann auf Kleinigkeiten. In Altersheimen gibt es Auseinandersetzungen um Lappalien. Oft macht sich dort eine gereizt-unzufriedene Stimmung breit, es wird viel genörgelt. Die Weisheit des Alters, die man meist mit einem Sistieren von Aggressivität gleichsetzt, ist wohl nur wenigen gegeben – meist solchen Menschen, die im Leben alles erreicht haben.

Bei einer positiven Lebensbilanz hat man wenig Nachholbedarf. Meist sind die Voraussetzungen, ein ruhiges Alter zu leben, dann günstiger als bei jemandem, der sein Arbeitsleben mit einer negativen Bilanz abschließt. Entsprechendes gilt natürlich auch für den familiären Bereich. Für alte Menschen ist es sehr wichtig, daß es den Kindern gut geht, daß sie Erfolg haben und daß die Enkelkinder, in denen die alten Menschen fortleben, die Illusion nähren, potentiell ein »ewiges« Leben zu haben.

Die Motivation zur Arbeit unterscheidet sich in den verschiedenen Berufen. Es gibt Berufe, bei denen eine *altruistische Motivation* wichtig ist. Hierzu gehören zum Beispiel die pflegenden Berufe, der Beruf des Sozialarbeiters und oft – nicht immer – der Beruf des Arztes. Es gibt Berufe, bei denen es darum geht, Ordnung und Übersicht herzustellen wie beim Juristen oder Polizeibeamten, auch bei manchen Wissenschaftlern, die zunächst Unübersichtliches nach bestimmten Merkmalen klassifizieren und ordnen. Es gibt Berufe, in denen man immer wieder Neues entdeckt. Dazu gehört der Beruf des Wissenschaftlers, aber auch der Beruf des Arztes und da besonders der des Psychotherapeuten, der sein ganzes Leben lang etwas über Menschen erfährt. Es gibt gestaltende Berufe im Bereich der Technik – man konstruiert eine Maschine, ein Auto, baut eine Brücke; den Beruf des Architekten – man entwirft ein Haus. In diesen Berufen werden Ideen umgesetzt. Es gibt die künstlerischen Berufe, in denen intuitiv, oft aber auch strengen Gesetzen folgend, wie in der Musik, Neues gestaltet wird. Das gilt für den Komponisten ebenso wie für den wiedergebenden Musiker, der den Inhalt einer Partitur in Töne umsetzt und dabei gestaltet. Ein Maler malt ein Modell, sieht es aber anders als ein anderer Maler es sehen würde und gestaltet das Gesehene anders, oder er malt von innen heraus, innere Bilder, die letztlich aus der Außenrealität stammen, aber schon einen Umwandlungsprozeß hinter sich haben, an dem die Phantasie beteiligt war.

An so gut wie jeder Arbeit, die kompetent gemacht wird, ist Freude motivierend beteiligt, die als *Funktionslust* (Bühler 1918) oder als Kompetenzgefühl (Instinct to master, Hendrick 1943, White 1963) bezeichnet werden kann. Die Freude an der Funktion und die Freude am Gelingen zeigen sich schon bei Kindern. Beim Jugendlichen und beim Erwachsenen zeigt sie sich in der Freude daran, ein Gerät zu bedienen, ein Werkstück herzustellen, eine Untersuchung durchzuführen, einen Plan aufzustellen. Beim Psychotherapeuten äußert sie sich in der Freude an kompetent gegebenen wirksamen Interventionen und insgesamt an einer »guten Stunde«. Der Schriftsteller »schreibt gut«, und die meisten verbessern ihren Text bis sie mit ihm zufrieden sein können. Selbst wenn ein Text sechs- oder achtmal geschrieben wird, wird die Arbeit daran nicht als monoton empfunden.

Damit eine Arbeit nicht als monoton empfunden wird, muß es bei ihrer Durchführung Spielräume geben. Der Spielraum kann einfach darin liegen, daß Arbeit genau, aber doch immer schneller durchgeführt werden kann, wie beim chirurgischen Operieren. Der Spielraum kann darin liegen, daß ein Text immer besser geschrieben und beim Bearbeiten noch weiter verbessert werden kann. Der Spielraum kann aber auch ganz anderer Art sein – man kann etwas Neues schaffen wollen, man kann neue Kombinationen zwischen Bekanntem erfinden, neue Hypothesen generieren oder eine Theorie entwickeln.

Im Gegensatz zu solcher Arbeit steht das fremdbestimmte Tun. Am deutlichsten wird es wohl am Beispiel der industriellen Arbeit am Band, deren Geschwindigkeit fremdbestimmt ist und bei der es wenig Sinn zu machen scheint, wenn sie über ein bestimmtes Fertigungsniveau hinaus noch besser durchgeführt wird. Oft läßt diese Arbeit auch gar keinen Raum dazu, sie besser zu machen. Eine Schraube wird mit einem elektrischen

Schraubendreher mit einer bestimmten, durch den Dreher geregelten Kraft angezogen, während eines Arbeitsvorgangs muß eine bestimmte Anzahl von Schrauben angezogen werden. Was sollte sich da verbessern lassen? Verbesserungen sind allenfalls über Vorschläge möglich, wie die Arbeit noch rationeller durchgeführt werden kann.

Manche dehnen ihre Arbeit über die notwendige Zeit hinweg aus, um die zur Verfügung gestellte Zeit zu füllen. Sie arbeiten unrationeller als sie könnten. Nach dem englischen Satiriker Parkinson wird eine jede Arbeit, wenn man sie läßt, die Zeit ausfüllen, die dafür zur Verfügung gestellt wird – etwas, was man übrigens auch in der Psychotherapie in gewissen Grenzen beobachten kann (König 1993).

Viele Arbeiten werden als entfremdet empfunden, wenn kein Motiv oder kein Spielraum vorhanden ist, sie besser zu machen. Es wirkt andererseits demotivierend, wenn eine Verbesserung der Arbeitsleistung automatisch mit sich bringt, daß man mehr Arbeit für das gleiche Geld »aufgebrummt« bekommt; zumindest gilt das für die meisten Menschen, andere wiederum freuen sich dennoch an der Erhöhung ihrer Produktivität.

Nicht immer ist ein beruflicher Aufstieg damit verbunden, daß die Arbeit interessanter wird. Macht und Einfluß nehmen vielleicht zu, das heißt aber nicht, daß man durch eine Beförderung in jenen Fähigkeiten mehr gefördert wird, die man wirklich besitzt. Besonders deutlich kann man das in Schulen beobachten, wo Lehrer, die Hauptschulrektor oder Gymnasialdirektor werden, weniger unterrichten und mehr Verwaltungsaufgaben bewältigen müssen. Im Unterrichten waren sie vielleicht kompetent, es machte ihnen Spaß, die Arbeit immer kompetenter zu verrichten. Für Verwaltungsaufgaben sind sie aber nicht ausgebildet und sie wären wohl auch nicht Verwaltungsfachleute geworden, wenn man ihnen die Wahl zwischen dem Lehrerberuf und dem Beruf eines Verwaltungsfachmannes angetragen hätte. Andererseits gibt es Rektoren und Direktoren, die gerade diese Arbeit gern tun – vielleicht, weil sie in spezifischer Weise mit Menschenführung bei Multiplikatoren verbunden ist und so einen breiteren Einflußbereich schafft, als ihn ein Lehrer hat, der nur unterrichtet.

Je höher jemand in seinem Beruf aufsteigt, desto größer wird im allgemeinen die Gefahr, in eine Position befördert zu werden, die ihm wenig Funktionslust bereitet und in der er wenig Kompetenzgefühl erreichen kann. Der schon genannte englische Satiriker Parkinson sprach hier vom Peter-Prinzip (Parkinson 1994), das besagt, ein jeder werde so lange befördert, bis er das Niveau seiner Inkompetenz erreicht hat. Das ist natürlich in dieser allgemeinen Form unzutreffend. Auf jedem Funktionsniveau gibt es ausgezeichnete Stelleninhaber, aber es gibt eben auch Leute, die sich in diesen Stellungen unglücklich fühlen, selbst wenn sie die Beförderung angestrebt haben. Daß sie sich unglücklich fühlen, hat natürlich nicht immer nur etwas mit der Arbeit zu tun, die sie außerhalb ihrer Kompetenz beansprucht. Manche Menschen mögen die Verantwortung nicht, die mit einer leitenden Stellung verbunden ist, andere streben gerade diese Verantwortung an und sind im Umgang mit ihr kompetent.

Das Streben nach Macht muß nicht immer eine Primärmotivation sein. Manche Menschen haben Spaß daran, etwas zu gestalten und streben lediglich die Macht an, die dazu notwendig ist. Problematischer wird es, wenn Macht um ihrer selbst willen gewollt wird. Menschen, die vor allem Macht anstreben und nicht die Möglichkeit, etwas zu bewirken, das sie für sinnvoll halten, sind in ihren Tätigkeiten meist auch wenig effektiv und werden deshalb unzufrieden, sofern sie das Gefühl der Unzufriedenheit bei sich überhaupt zulassen. Andererseits gibt es eben Tätigkeiten, die Macht voraussetzen und Funktionslust bereiten können und dem, der sie ausführt, dann auch ein Kompetenzgefühl verschaffen.

Daß Funktionslust und Kompetenzgefühl für Menschen wichtig sind, läßt sich evolutionspsychologisch gut begründen. Freud hat es wohl vorausgesetzt. Er beschäftigte sich mehr mit den Faktoren, die die Kompetenz und Funktion eines Menschen einschränken, zum Beispiel mit den sogenannten Arbeitsstörungen. Als Ziel der Psychoanalyse nahm er an, daß sie es dem Patienten ermöglichen soll, zu lieben und zu arbeiten. Daß die Funktionslust und ein positiv erlebtes Kompetenzgefühl einen Selektionsvorteil in der Evolution darstellt, leuchtet, glaube ich, unmittelbar ein. Das Überleben und der soziale Status eines Menschen hängen davon ab, daß er die Aufgaben, die er sich stellt oder die ihm von der Gesellschaft gestellt werden, gut bewältigt. Der Überlebende, und besonders natürlich der Überlebende mit hohem Sozialstatus, wird seine Gene weiter streuen und sie begehrenswerteren Partnerinnen anvertrauen können als jemand, der aus einem Kompetenzmangel heraus in seiner Bezugsgruppe weniger Macht und auch weniger Geltung erreichte.

Was passiert um die Lebensmitte wirklich?

In der Lebensmitte – so etwa um das vierzigste Lebensjahr – stehen die Menschen am Ende ihrer Jugend. In den meisten Sportarten sind Höchstleistungen nicht mehr möglich, die Fertilität der Frau nimmt ab, während die Fertilität des Mannes länger erhalten bleibt. Meist liegt schon ungefähr fest, was im Beruf noch erreicht werden kann. Man blickt zurück und denkt darüber nach, was erreicht worden ist. Bei manchen ist es das Gewünschte, bei anderen nicht. Die einen hätten mehr erreichen können, andere müssen erkennen, daß ihre Ziele von vornherein unrealistisch hoch waren. Der Mensch in der Lebensmitte kann es aber auch bedauern, seine Ziele nicht hoch genug gesetzt zu haben. Die Zeit, die man mit Freizeitbeschäftigungen verbrachte, wirkt im nachhinein nicht immer gut angewandt. Besonders im Vergleich zu anderen – Abiturstreffen laden dazu ein – zieht man die berufliche Erfolgsbilanz. Man überlegt sich vielleicht auch, wieviel Zeit man dem Beruf entzogen und der Familie gewidmet und umgekehrt der Familie entzogen und dem Beruf gewidmet hat.

Heutzutage ist das Wort Kreativität zu einem Schlagwort geworden. Es wird inflationär gebraucht. So fragt man sich, ob man alles getan hat, um sein eigenes kreatives Potential auszuschöpfen.

Nicht auf alle Berufe und nicht auf alle Hobbys läßt sich das Wort »kreativ« mit Berechtigung anwenden, auch wenn man es noch so dehnt. Wahrscheinlich trägt es aber zur Lebenszufriedenheit bei, wenn irgend etwas Kreatives gemacht wird, sei es im Beruf, sei es während der Freizeit, sei es im Spiel mit den Kindern. Kreativ sein heißt letztlich ja, etwas Neues tun, etwas produzieren, etwas erfinden, etwas gestalten. Ein kreativer Akt kann es sein, wenn jemand Blumen in einer Vase ordnet, so daß sie ein Bild ergeben, daß er noch nie gesehen hat.

Kinder nenne ich deshalb kreativ, weil sie so vieles tun, das *für sie* neu ist. Diese Art von Kreativität nimmt mit der Zeit natürlich ab, aber auch für spätere Jahre gilt – meine ich –, daß nicht die Erstmaligkeit eines Tuns Merkmal von Kreativität ist. Ein Merkmal von Kreativität ist vielmehr, daß im Kopfe eines Menschen etwas *für ihn* Neues entsteht, und er etwas *für sich* Neues tut.

Kreativ kann es sein, etwas zu sehen, das ein anderer nicht erfaßt hätte, oder Dinge in einem neuen Zusammenhang zu sehen. Hier handelt es sich nicht um Vorgänge, die ein Privileg der Wissenschaftler und Künstler sind. Alle Menschen können im Alltag auf diese Weise kreativ sein und wahrscheinlich meinte Joseph Beuys etwas ähnliches, als er sagte, alle Menschen seien Künstler.

Für die meisten Menschen spielen Einkommen und Status eine große Rolle. Einkommen und Status sollte man nicht entwerten. Zu sehr hängt das Wohlbefinden eines Menschen davon ab, daß er vom Materiellen her nicht Sklave seines Alltags ist und daß er zum Beispiel nicht von einem Ende der Stadt zum anderen fahren oder rennen muß, um etwas um zwei Mark billiger einzukaufen oder um überhaupt etwas einkaufen zu können, wie das in vielen östlichen Ländern zur Zeit der Fall ist. Der Status wirkt sich bis ins körperliche Wohlbefinden aus. Niedriger Status disponiert zu Krankheiten wie Hypertension und Arteriosklerose, wohl auf dem Wege über den Streß, der entsteht, wenn man mit niedrigem Status leben und anderen den Vortritt lassen muß. Es sind gerade nicht die Manager, die am häufigsten an der sogenannten Managerkrankheit, der Koronarsklerose, erkranken.

Wer in der Lebensmitte eine negative Bilanz zieht, kann depressiv oder körperlich krank werden. Er kann mit der negativen Bilanz aber auch so umgehen, daß er Gründe bei anderen sucht, von denen er dann meint, daß sie die negative Bilanz bewirkt haben.

In der Mitte des Lebens machen manche Menschen noch einmal eine Art Adoleszenz durch. Sie fragen nach dem Sinn des Lebens, wie viele Adoleszente es tun und dann nicht mehr tun, weil sie das Leben so bewältigen müssen, wie es eben ist. Nach Ende der Adoleszenz fragt man gewöhnlich nicht mehr langfristig, sondern mittel- und kurzfristig, welchen Sinn dies hat, was man tut, und der Sinn liegt dann oft schlicht darin, daß das Leben einem Aufgaben stellt und man sie zu bewältigen sucht.

In der Mitte des Lebens, wo oft noch einmal eine Neuorientierung probiert oder zumindest erwogen wird, denken viele dann wieder mittel- oder langfristig. Man fragt sich, was noch erreicht werden kann und was dann kommt und ob man seine Kräfte jetzt nicht für andere Ziele einsetzen sollte. Zwischen fünfunddreißig und fünfundvierzig verfügen die meisten Menschen, wenn sie nicht gerade Wettkampfsportler sind, noch über viel Kraft beim Bewältigen ihrer beruflichen Aufgaben. Später werden sie sich bemühen müssen, die langsam abnehmenden Kräfte durch erworbene Erfahrung und erworbene Kompetenzen auszugleichen. Menschen zwischen 35 und 45 beobachten ihren Körper, der sich langsam, zwar nicht so dramatisch, wie während der Adoleszenz, aber eben doch und zwar schon im Sinne der Involution, verändert.

Während die Veränderungen in der Adoleszenz neue Möglichkeiten erschließen, vor denen der Adoleszente Angst haben, an denen er sich aber auch freuen kann, wenn er psychisch gesund ist, beginnt das in der Adoleszenz neu Hinzugekommene jetzt verlorenzugehen. Das gilt besonders auch für die Fertilität der Frauen, die zu dieser Zeit aber einen Höhepunkt sexueller Aktivität erreichen; im Unterschied zu den Männern, deren sexuelle Aktivität in diesem Zeitraum schon deutlich abnimmt. Gleichzeitig erreichen die Männer einen Höhepunkt ihrer Anziehungskraft, der weniger mit ihrem Körperzustand zusammenhängt als mit der erreichten Position und den erworbenen ökonomischen Ressourcen, während die Attraktivität der gleichaltrigen Frau abnimmt. In Beziehungen bringt das oft Spannungen. Manche Männer haben den Eindruck, ihre Frau würde ihnen nicht mehr so viel bieten können wie früher, während die Frau durch die Attraktivität des Mannes auch für andere Frauen beunruhigt ist. Diese Spannungen können bewältigt und verarbeitet werden, das gelingt aber nicht immer. Es kommt zu Trennungen, bei denen die Frauen in der Gesamtbilanz meist den Kürzeren ziehen.

Nicht in allen Berufen erreicht die Leistungsfähigkeit jetzt einen Höhepunkt. In manchen Berufen, und nicht nur bei Sportlern, nimmt sie schon früh in den Dreißigern ab; zum Beispiel bei Mathematikern und bei Physikern.

Mitte vierzig und darüber finden viele, die ihre Anstellung verlieren, nur noch schwer eine neue Stelle. Das gilt nicht nur für manche geistige, sondern auch für viele körperliche Berufe, bei denen die Körperkraft und die körperliche Belastbarkeit, auch die Ausdauer, eine Rolle spielen. Kurz vor seinem fünfzigsten Geburtstag sagte der Bergsteiger Messner im Jahre 1994 in einer Fernsehsendung, daß er jetzt noch ein großes Projekt vorhabe, nämlich die Überquerung einer Polkappe im Alleingang, danach werde er sich wohl aufs Bücherschreiben und auf seine Vorträge verlegen. Nicht jeder kann aber auf solche Erfolge zurückblicken wie Messner und noch von ihnen zehren, indem er sie in Vorträgen und Büchern verwertet.

Durch das Verschwinden der Großfamilie haben Frauen, die selbst nicht berufstätig sind, Betätigungsfelder verloren. Der natürliche Übergang in die Großmutterrolle mit differenzierten und wichtigen Funktionen geschieht nicht mehr so selbstverständlich wie früher, weil die älteren Menschen eben oft allein leben und nur gelegentlich Kontakt mit den Enkelkindern haben. Auch ist der Altersabstand zwischen den Generationen größer geworden. Viele Kinder kommen erst zur Welt, wenn die Mutter schon in den Dreißigern ist, so daß die Großeltern bereits das sechste oder gar siebente Lebensjahrzehnt erreicht haben. Für die Großeltern kann der Umgang mit den Enkelkindern dann schon zum Streß werden.

Mit der rascheren Veränderung gesellschaftlicher Werte und Normen nimmt die Neigung der Eltern ab, ihre Kinder den Großeltern anzuvertrauen, weil sie fürchten, daß die Großeltern mit den Kindern nicht so umgehen, wie sie es für richtig halten. Man kann beobachten, daß es zwischen Eltern und Großeltern zu erheblichen Konflikten in den Erziehungsfragen kommt. Vertrauen die Eltern ihre Kinder den Großeltern an, tun sie das oft schon mit schlechtem Gewissen. Sie befinden sich in einem Konflikt zwischen dem Wunsch nach Entlastung und Selbstverwirklichung auf der einen Seite, der mit Hilfe der Großeltern leichter erfüllbar ist, und ihrer Pflicht gegenüber den Kindern, sie zeitgemäß zu erziehen, auf der anderen Seite.

In der Mitte des Lebens eröffnet sich die Perspektive in eine Zukunft des Altgewordenenseins, die näher gerückt ist. Man macht sich Gedanken über die Kräfte, die abnehmen, die Ziele, von denen man Abschied nehmen muß und ist oft auch durch Konflikte mit der älteren Generation belastet. Mit der späteren Rolle des alten Menschen will man sich aber noch nicht identifizieren. Im Gegenteil, die Unterschiede zu den wirklich Alten werden oft sogar betont.

Altersunterschiede im beruflichen Umgang

Während des aktiven Arbeitslebens kann es eine große Rolle spielen, ob der oder die Vorgesetzte älter oder jünger ist als man selbst. Meist werden jüngere männliche Chefs erheblich leichter toleriert als jüngere weibliche. Das hat eine lange Tradition. Männer kommen sich »komisch vor«, wenn sie die Anordnungen einer jüngeren Frau entgegennehmen und ausführen müssen. Da ist eine Frau, die »die Hosen anhat«, die ältere Untergebene steht »unter dem Pantoffel«. Für die junge Vorgesetzte ist es wichtig, sich das klarzumachen. In den gegenseitigen Beziehungen halte ich es für besonders wichtig, das Sachliche zu betonen.

Eine weibliche Vorgesetzte sollte sich andererseits auch um das Wohlergehen ihrer Untergebenen sorgen und bemühen, was mütterliche Aspekte in die Beziehung hineinbringt. Sie sollte sich aber davor hüten, eine Art von Freundlichkeit in der Beziehung einzusetzen, die vom Untergebenen entweder als Ausdruck erotischer Wünsche mißverstanden oder als erotisch-manipulativ erlebt werden kann. Untersuchungen über die Interpretation weiblichen Verhaltens in den USA (Buss 1994) haben gezeigt, daß sehr viele Männer ein erotisch-anmachendes Verhalten sehen, wo Frauen nur freundlich sein wollen – eine Quelle vieler Mißverständnisse zwischen Frauen und Männern. Dagegen ist es eine Taktik von Männern im Umgang mit Frauen, nicht erkennen zu lassen, wie sehr sie an einer Frau interessiert sind, um nicht darauf festgelegt zu werden, mehr in die Beziehung zu investieren, als sie beabsichtigen. Frauen sind weniger als Männer bereit, ein freundliches Verhalten auf der erotischen Ebene zu interpretieren. Das ist mit ein Grund, warum Frauen großen Wert darauf legen, daß Männer über ihre tatsächlichen Gefühle sprechen. Das gilt für die Werbephase in einer Partnerwahl, es läßt sich aber auch auf sonstige Beziehungen zwischen Frauen und Männer übertragen, etwa im Beruf.

Geschlechtsunterschiede

Das Geschlecht eines Kindes bestimmt, wie kaum etwas anderes, die Einstellung zum Kind von der Geburt an. Seit man das Geschlecht eines Kindes vor der Geburt erfahren kann, beeinflußt es schon die Einstellung zur Schwangerschaft.

In einem Jungen setzt der Vater sein Leben unmittelbarer fort. Der Sohn bleibt dem Vater auch als Erwachsener verbundener als die Tochter, die an einen anderen Mann »abgegeben« werden muß. Viele Väter empfinden gegenüber ihren Frauen ein Gefühl der Dankbarkeit, wenn sie ihnen einen Sohn geboren haben. Die Frauen bekommen umgekehrt auch in unserer Gesellschaft die Enttäuschung des Mannes zu spüren, wenn er sich einen Jungen gewünscht, aber ein Mädchen bekommen hat.

Natürlich gibt es auch viele Männer, die sich ein Mädchen wünschen, selten aber als erstes Kind. Ein Mann, dem eine Frau einen Jungen geboren hat, hat auch heute noch häufig das Gefühl, etwas Wesentliches in seinem Leben vollbracht zu haben. Ist es aber ein Mädchen, fehlt dieses Gefühl oft. Das »Wesentliche« bleibt noch zu tun. Bekanntlich versuchen manche Eltern immer wieder, einen Jungen zustandezubringen, unter Umständen wird die Geburt mehrerer Mädchen »in Kauf genommen«. Welche Auswirkungen das auf das Lebensgefühl der Mädchen, in anderer Weise auch auf das Lebensgefühl des endlichen geborenen Jungen haben kann, läßt sich leicht vorstellen. Die Mädchen unterschätzen sich häufig, der Junge überschätzt sich. Dies kann zu Problemen im späteren Leben führen. Oft entscheiden sich die Eltern allerdings dazu, ihre Versuche aufzugeben, wenn zwei oder drei Mädchen geboren worden sind. Eines der Mädchen muß dann oft die Rolle des Jungen übernehmen. Es bekommt zum Beispiel Jungenspielzeug, wie etwa eine Eisenbahn, und nicht Puppen. Damit wird dem Mädchen signalisiert, daß es eigentlich besser ein Junge wäre; etwas, das es nicht erreichen kann.

Es ist nicht lange her, daß die meisten Frauen sich mit ihrem Mann völlig darin einig waren, daß es besser ist, wenn ein Junge zur Welt kommt. Manche dieser Frauen empfanden die Geburt eines Sohnes als etwas, das sie selbst als Frau aufwerten könnte. Heute findet man immer mehr Frauen, die sich ein Mädchen wünschen. Das hat sicher mit der größeren Wertschätzung von Frauen zu tun.

Die Einstellung einer Mutter dem Kind gegenüber läßt sich ähnlich wie bei einer Partnerwahl beschreiben. Freud unterschied eine Partnerwahl vom narzißtischen und vom Anlehnungstyp. Bei der Partnerwahl vom narzißtischen Typ wird Ähnlichkeit gesucht, bei der Partnerwahl vom Anlehnungstyp Komplementarität. Die Geburt eines Sohnes ergänzt die Mutter, wie das auch in einer Partnerschaft der Fall ist. Die Idee, daß Männer und Frauen jeder für sich unvollständig seien und erst durch die Vereinigung mit einem Partner des anderen Geschlechts wieder ganz werden, findet sich bekanntlich schon bei Platon. Bei der narzißtischen Partnerwahl geht es darum, sich selbst im anderen zu finden, im anderen gewissermaßen noch einmal da zu sein. Die enge Beziehung der Mutter zu ihrer Tochter hat sicher auch dieses Motiv. Daneben findet die Mutter in der Tochter weniger deutlich als in einem Sohn Züge ihres Partners wieder und liebt die Tochter auch deshalb.

Das ist natürlich nicht der Fall, wenn sie den Partner

nicht liebt oder nicht mehr liebt. Was die Beziehung zur Tochter enger gemacht hat, kann dann zum Problem werden. Entsprechendes gilt natürlich auch für den Umgang mit einem Sohn. Umgekehrt kann eine zu enge Beziehung der Mutter zur Tochter die Tochter dazu motivieren, sich befreien zu wollen; mit allen Konflikten, die das mit sich bringen kann.

Der geschlechtsabhängige Umgang der Eltern mit ihren Kindern, und natürlich auch der Kinder mit ihren Eltern, ist ein weites Feld. Ein großer Teil der Neurosenpsychologie, und da besonders die sogenannten *ödipalen Formen der Konflikte*, ließe sich daran abhandeln. Der Leser, der sich für dieses Thema besonders interessiert, sei auf analytische Lehrbücher der Entwicklungspsychologie (z.B. Mertens 1992) und auf Lehrbücher der allgemeinen und speziellen Neurosenlehre verwiesen (z.B. Elhardt 1971, Hoffmann und Hochapfel 1995, König 1992, Mentzos 1982). Ich habe schon weiter vorne erwähnt, daß das Geschlecht des Kindes, aber auch das Geschlecht der Eltern in einer bestimmten Entwicklungsphase wichtig wird, die meist im vierten und fünften Lebensjahr stattfindet und deren Ablauf und Ausgang die Einstellungen zu Männern und Frauen dauerhaft bestimmen. Die Tochter »verliebt« sich in den Vater, der Junge »verliebt« sich in die Mutter. Natürlich handelt es sich hier nicht um ein sich verlieben im erwachsenen Sinne. Die Liebe zu den Eltern hat zwar auch eine erotische Tönung und kindliche sexuelle Phantasien tauchen auf. Die Gefühle und Wünsche sind sehr intensiv, mit Erwachsenen-Sexualität haben sie aber noch wenig gemein. Das ist mit ein Grund, warum es ein Kind traumatisiert, wenn sexuelle Handlungen zwischen ihm und dem begehrten Elternteil stattfinden.

Die inneren Korrelate der Dreieckssituation zwischen Vater, Mutter und Kind, bei der das gegengeschlechtliche

Elternteil begehrt und das gleichgeschlechtliche beim begehrten Elternteil verdrängt werden soll, nennt man *Ödipuskomplex.* Neben dieser Form des Ödipuskomplexes, die auch als *positiver Ödipuskomplex* bezeichnet wird, gibt es den sogenannten *negativen Ödipuskomplex,* bei dem das gleichgeschlechtliche Elternteil begehrt wird und das gegengeschlechtliche ausgebootet werden soll. Diese Form des Ödipuskomplexes ist weniger leicht zu erkennen. Eigentlich möchte das Kind zu beiden Eltern eine gute Beziehung haben, vom gegengeschlechtlichen Elternteil möchte es aber als Partner akzeptiert werden und, meist in einer im erwachsenen Sinne noch weniger sexualisierten Form, gleichzeitig auch vom gleichgeschlechtlichen Elternteil.

In der ödipalen Phase laufen wichtige Identifikationsvorgänge ab. Am Ende der ödipalen Zeit entschließt sich der Junge, der erkennt, daß er noch nicht so sein kann wie der Vater und das Mädchen, das erkennt, daß es noch nicht so sein kann wie die Mutter, sich mit dem zunächst bekämpften Elternteil zu identifizieren. Das Kind möchte von ihm lernen und hat die Erwartung, später einmal so zu sein. Erzeugt das gegengeschlechtliche Elternteil aber im Kind die Illusion, schon Partner sein zu können, etwa, weil die eigene Beziehung zum realen erwachsenen Partner gestört ist und das Kind zu einer Art Partnerersatz gemacht wird, entsteht im Kind die Illusion, nicht das lernen zu müssen, was ein Erwachsener kann. Der Sohn wurde vielleicht zum Vertrauten der Mutter gemacht, und die verbrachte mehr Zeit mit ihm als mit dem eigenen Mann, die Tochter wurde vom Vater zu dessen Vertrauten gemacht und der Mutter vorgezogen, die vielleicht weniger emotional und ihm weniger eindeutig zugeneigt war als die Tochter. Man kann hier von einem ödipalen Scheintriumph sprechen. Zwar hat ein realer Triumph stattgefunden, das Kind hat seine Ziele scheinbar erreicht, die Schlüsse aber, die es aus diesem Triumph zieht, sind illusorisch. Es entsteht das, was man die ödipale Illusion nennt, mit gravierenden Folgen für die Motivation und schließlich auch für die Fähigkeit zu lernen und selbstkritisch zu sein.

Im Bereich der Sexualität ergeben sich Schwierigkeiten daraus, daß sich die Erfahrung auswirkt, im gewissen Sinne Partner des gegengeschlechtlichen Elternteils gewesen zu sein. Die Differenzierung zwischen einem späteren Partner oder einer späteren Partnerin und dem Vater oder der Mutter wird erschwert. Kommt es dann zu sexuellen Beziehungen, hat die nun erwachsene Tochter und hat der nun erwachsene Sohn den Eindruck, es passiere etwas, das in dieser direkten und als krass empfundenen Form in der Beziehung zum Vater oder zur Mutter nicht stattgefunden hat und nicht stattfinden durfte, aber doch eine Ähnlichkeit damit hat. Die Vermischung zwischen der Beziehung zum Vater oder zur Mutter und der Beziehung zum Partner oder zur Partnerin führt dann häufig zu sexuellen Blockierungen. Unbewußt fürchtet der Erwachsene, mit einer sexuellen Beziehung zu einem anderen erwachsenen Menschen das Inzesttabu zu verletzen, also etwas ganz Verbotenes zu tun. Haben zu jener Zeit, also im vierten oder fünften Lebensjahr gar sexuelle Handlungen stattgefunden oder etwas, das vom Kind so interpretiert werden konnte, ist Sexualität meist mit Schuldgefühlen verknüpft, die dann auch auf das übertragen werden, was die erwachsene Frau mit ihrem Partner oder der erwachsene Mann mit seiner Partnerin tut. Diese Schuldgefühle werden nicht immer voll erlebt, sie wirken sich aber aus und hemmen den sexuellen Vollzug.

Geschwister

Zu den Normen, deren Berechtigung selten angezweifelt wird, gehört die Gleichbehandlung der eigenen Kinder. Man soll kein Kind bevorzugen und keines benachteiligen.

Menschen, die dieser Norm bewußt folgen wollen, übertreiben das manchmal und führen die Norm so ad absurdum. Ein Patient, das älteste von sieben Kindern, erzählte mir, daß alle Geschwister immer das Gleiche bekamen. Erhielt ein achtzehnjähriger DM 100,–, so mußte der Säugling in der Wiege auch DM 100,– bekommen. Da er mit einem Gegenstand, der DM 100,– kostet und den Charakter eines Geschenks haben mußte, kaum etwas hätte anfangen können, wurde ihm eine Klapper gekauft, der Differenzbetrag zu DM 100,— wurde auf sein Sparkonto eingezahlt. Unter den Geschwistern herrschte eine mörderische Rivalität um die Zuneigung der Eltern. Ich habe nicht herausgefunden, ob das Verhalten der Eltern Folge dieser Rivalität war oder die Rivalität Folge des Verhaltens der Eltern. Wahrscheinlich trifft beides in einem gewissen Umfang zu. Andere Kinder hätten vielleicht die Rivalität der Kinder ertragen oder sie hätten mit ihnen darüber gesprochen. Bemerkenswert ist an diesem Beispiel, wie extrem das Prinzip der Gleichbehandlung durchgezogen wurde. Natürlich kann ein Säugling nicht neidisch auf das sein, was der achtzehnjährige Bruder bekommt. Er ist noch gar nicht in der Lage, die entsprechende Information aufzunehmen und zu verarbeiten.

Für viele Menschen ist ja Gerechtigkeit ein hohes Gut. »Gerechtigkeit geschehe und wenn die Welt untergeht« ist eine gern zitierte Maxime.

Bei der allgemeinen Akzeptanz des Grundprinzips der prinzipiellen Gleichbehandlung von Geschwistern ist es kein Wunder, daß Verstöße gegen diese Gleichbehandlung mit Schweigen übergangen werden. Nur die Märchen sind frei, von Lieblingstöchern (und Lieblingssöhnen) zu erzählen. In Shakespeares *König Lear* bieten sich drei Töchter ihrem Vater auf verschiedene Weise an. Sein Reich verteilt er darauf ungleich, unter irrigen Voraussetzungen. Im Alltagsleben werden Eltern es meist als Vorwurf empfinden, wenn man ihnen sagt, daß sie ein Kind dem anderen oder den anderen vorziehen, und wenn sie es einräumen, werden sie sich dafür entschuldigen.

Auf die Entwicklung eines Kindes wirkt es sich aber stark aus, wie es von den Eltern behandelt wird. Ein Kind reagiert nicht nur darauf, wie die Eltern sich ihm gegenüber verhalten, sondern auch darauf, wie sie sich ihm gegenüber *im Vergleich zu anderen Geschwistern* verhalten. Einiges weist darauf hin, daß ein jedes Kind den Vater und die Mutter zu einem individuellen Verhalten ihm gegenüber bringen möchte, das sich von dem Verhalten anderen gegenüber – besonders auch einem Geschwister gegenüber –, eindeutig unterscheidet. Das Kind hat Bedürfnisse in und aus seiner Beziehung zu den Geschwistern. Gerade Zwillinge haben wahrscheinlich das Bedürfnis, voneinander unterschieden zu werden. Dieses Bedürfnis wird vermutlich durch die Tendenz mancher Eltern verstärkt, Zwillinge völlig gleich anzuziehen. Der Zwilling möchte ein Individuum sein, nicht doppelt da sein und damit nur die Hälfte an Individualität beanspruchen können.

Aber auch sonst bringen Kinder, ob bewußt oder unbewußt, intendiert oder zufällig, die Eltern dazu, mit ihnen verschieden umzugehen, und natürlich entspricht das auch den Bedürfnissen der Eltern. Es ist gar nicht einzusehen, warum Eltern sonst Menschen unterschiedlich sympathisch finden, was ihnen wohl jeder zugestehen wird, und daß es in der Beziehung zu den Kindern nicht der Fall sein sollte.

Auch die Psychoanalyse hat das unterschiedliche Verhalten von Eltern ihren Kindern gegenüber meines Erachtens noch nicht ausreichend berücksichtigt. Vermutlich hängt das – unter anderem – mit dem hohen Ansehen zusammen, das die Ideale von »Gleichheit« und »Brüderlichkeit« im 19. Jahrhundert genossen haben und heute noch genießen. Gleichheit – damit ist aber vor allem die Gleichheit vor dem Gesetz gemeint. Brüderlichkeit wird als Solidarität, aber auch als Gleichheit in Beziehungen operationalisiert. Versuche, die Bedeutung der Position in einer Geschwisterreihe herauszustellen, sind gerade in der Psychoanalyse kaum rezipiert worden. Zum Teil mag das daran liegen, daß sie wahrscheinlich überzogen und einseitig dargestellt wurde. Zu einem anderen Teil liegt es aber vielleicht daran, daß in der Entwicklungsgeschichte der Psychoanalyse als Wissenschaft Geschwisterrivalitäten in der Beziehung zur Vaterfigur Freud eine große Rolle gespielt haben.

Die Geschichte von Kain und Abel wird oft zitiert und man fragt sich, warum Kain und Abel so verschieden waren. Waren es die Gene oder war es die Beziehung zu den Eltern? Die Beziehung zum Vater? Die Beziehung zur Mutter?

Wie Eltern sich auf ein Kind einstellen, hängt hauptsächlich von zwei Dingen ab, welches Geschlecht das Kind hat und ob es gesund ist. Auf den Umgang mit einem Kind, das krank zur Welt kommt, mit einer Funktionsstörung, einer Mißbildung, einer Schädigung, die unter der Geburt entstanden ist, will ich hier nicht ausführlich eingehen. Der Hinweis soll genügen, daß die Reaktion sehr von der Art der Schädigung abhängt, aber immer das Leben der Eltern und besonders das Leben der Mutter tiefgreifend verändert. Dabei geht es nicht nur um Belastungen, die auf den Eltern und besonders auf die Mutter zukommen, sondern auch um eine tiefgreifende Erschütterung des Selbstwertgefühls. Die »stolze Mutter« wird oft zu einer Mutter, die sich des Kindes schämt und sich dessen schämt, daß sie sich des Kindes schämt, und die mit dem Gedanken zu tun bekommt: »Wenn ich das gewußt hätte, hätte ich abgetrieben«.

Eltern, denen das Schicksal ein behindertes Kind beschert hat, sollen sich nicht in erster Linie an ein Buch wenden, sondern an Berater, Seelsorger oder Selbsthilfegruppen.

Auch wenn ein Kind später erkrankt und eine andauernde Behinderung zurückbehält, oder wenn es durch eine schwere Erkrankung in Lebensgefahr gerät, bedeutet das eine schwere Belastung und Aufgabe für die Eltern, die Belastung ist aber anders. Die Mutter eines behinderten Kindes hat oft das unmittelbare Gefühl, sie und nur sie hätte ihre Aufgabe nicht richtig erfüllt, weil sie während der Zeit, die das Kind in ihr verbracht hat, dem Kind ja die einzige Umgebung war. Rationale Überlegungen, die den Erbgang oder unbeabsichtigte Schädigungen durch Medikamente betreffen, können erst in zweiter Linie wirksam werden. Womit die Mutter zu allererst zu tun bekommt, ist ein bewußt erlebtes oder beiseite gedrängtes, ins Erleben nicht zugelassene Gefühl eigenen Versagens.

Manche Behinderungen und Entstellungen kann man heute operieren, zum Beispiel einen angeborenen Herzfehler oder eine Hasenscharte. Daß eine angeborene Krankheit oder Entstellung operativ beseitigt werden kann, wird von manchen Eltern als etwas Selbstverständliches erlebt – die Medizin muß zu so etwas imstande sein, und man macht dem Arzt Vorwürfe, wenn eine Reparatur doch nicht gelingt.

Wenn die Eltern sich trennen, müssen sie sich einigen oder das Gericht muß entscheiden, ob ein Kind bei der Mutter oder beim Vater bleiben soll. Dabei werden die Kinder oft gehört. Manche Richter machen sich nicht klar, daß die Kinder damit – nicht immer, aber oft – überfordert sind. Für Kinder im vierten oder fünften Lebensjahr bedeutet eine solche Entscheidung, daß sie mithelfen sollen, Wirklichkeit werden zu lassen, was ein Kind in dieser Lebensphase am meisten fürchtet: die Zuneigung zu einem Elternteil zu offen zu vertreten und dadurch das andere zu verlieren. Ist ein Kind älter als vier oder fünf Jahre bedeutet die Entscheidung eine Reaktivierung der Konflikte aus jener Zeit. Die Entscheidung für ein Elternteil kann das Kind dann in der Zukunft daran hindern, Partei für irgendeinen Menschen zu ergreifen, weil das für dieses Kind immer auch bedeutet, sich global gegen einen anderen Menschen zu entscheiden. Die direkte Beteiligung der Kinder an der Entscheidung, ob sie bei der Mutter oder beim Vater bleiben wollen, ist zwar gut gemeint, aber oft schädlich. Es wäre besser, wenn das Gericht sich – unter Berücksichtigung der Meinung der Kinder – ein eigenes Urteil bilden würde.

Rechtsstreitigkeiten darum, wem ein Kind zugesprochen werden soll, erinnern manchmal an das Theaterstück von Brecht (1962), in dem ein Richter zwei Müttern, der leiblichen und der Pflegemutter vorschlägt, sie sollen jeder an einem Arm des Kindes ziehen, wer das

Kind zu sich hinüberziehe, habe gewonnen. Die Pflegemutter, die das Kind aufgezogen hat, es mehr liebt als die leibliche Mutter und ihm nicht wehtun will, läßt es los. Der Richter spricht ihr das Kind zu.

Heute besteht wohl Einigkeit darüber, daß sich eine Scheidung der Eltern auf das Kind in der Regel traumatisch auswirkt. Wie groß das Trauma aber ist und wie groß ein anderes Trauma gewesen wäre, nämlich das *kumulative Trauma*, das sich aus dem Leben in einer Streitehe der Eltern ergibt, kann wohl nicht allgemein gesagt, sondern allenfalls im Einzelfall eingeschätzt werden.

Kümmert sich eine Mutter wenig um das Kind, wird sie von dem Kind meist abgelehnt. Kümmert ein Vater sich wenig um das Kind, ist dessen Einstellung ihm gegenüber oft viel ambivalenter. Einem Vater verzeiht man eher, wenn er nicht zu Hause bleibt, sondern »in die große, weite Welt« hinausgeht, man unterstellt ihm wichtige Gründe für sein Verhalten, während es von der Mutter oft wie selbstverständlich erwartet wird, daß sie dem Kind zur Verfügung steht.

Scheidungsväter, mit denen das Kind keinen Kontakt hat, werden von dem Kind manchmal ähnlich idealisiert wie verstorbene Väter. Das Kind, besonders wenn es ein Mädchen ist, erwartet die Rückkehr des Vaters. Ehe der Vater vielleicht zurückgekehrt ist und sie sich real mit ihm auseinandersetzen konnte, hat eine junge Frau oft Schwierigkeiten mit ihren Partnern. Sie kann nie sicher sein, ob der Vater nicht ein Modell für einen viel besseren Partner abgeben würde, und der reale Partner, dem sie sich zuwendet, müsse doch dem Modell des Vaters entsprechen. Aus dieser Problemlage heraus ergeben sich, wenn die Auseinandersetzung mit dem realen Vater ausbleibt, oft ernste Einschränkungen in der Partnerwahl und, wenn eine Partnerwahl getroffen ist, in der daraus folgenden Beziehung.

Jungen leiden auch unter der Abwesenheit des Vaters. Weniger noch als die Mädchen können sie die Mutter als grenzen- und schrankensetzend akzeptieren. Sie können ja nicht sagen: »Jetzt setzt mir der Vater Schranken, später werde ich selbst einer sein, der die Macht hat, Schranken zu setzen«. Sie können allenfalls sagen: »Später einmal werde ich so mächtig sein wie die Mutter«, eine solche Vorstellung behindert aber die Identifizierung mit männlichen Erwachsenen.

Über die Folgen einer Scheidung der Eltern auf die Kinder gibt es umfangreiche Literatur (z.B. Reich 1988). Man hat sich viele Gedanken gemacht, wie die Scheidung selbst sich auf die Kinder auswirkt, aber auch, wie sich jene Faktoren auf die Kinder auswirken, die zu einer Scheidung geführt haben und die Kinder in irgendeiner Form mit betreffen. Natürlich würde ein Versuch, diese Literatur zu referieren, den Rahmen dieses Buches sprengen.

Kinder loslassen

Kinder loslassen beginnt lange bevor sie aus dem Haus gehen. Eigentlich fängt es schon an, wenn ein Kind die ersten Schritte tut, ohne daß die Mutter es an der Hand führt. Loslassen wird wichtig, wenn das Kind in den Kindergarten kommt, in die Schule eintritt. Später begibt sich ein Kind gern in die Gesellschaft Gleichaltriger oder es hält sich gern in den Elternhäusern von Freunden auf, am Abend möchte es später nach Hause kommen. Loslassen wird für viele Eltern sehr konkret, wenn die Kinder sich außerhalb ein eigenes Zimmer oder eine eigene Wohnung nehmen und in der elterlichen Wohnung anfangs zwar noch zu Hause, später aber nur noch zu Besuch sind.

Beim Loslassen haben die Eltern Entscheidungsspielräume, in denen es oft darum geht, zwischen den Interessen der Kinder und eigenen Interessen zu entscheiden, wobei eigene Interessen oft als Interessen der Kinder maskiert werden. Je älter ein Kind wird, desto eher geht es nicht nur um Loslassen. Die Kinder drängen nicht nur, losgelassen zu werden, sie reißen sich los.

Geht es schließlich um den endgültigen Abschied, weil der Vater oder die Mutter stirbt oder aber das Kind, geht es für beide, für die Eltern und die Kinder darum, das Unausweichliche zu akzeptieren. Dabei kämpfen die Eltern oft noch um das Leben der Kinder und bedrängen die Ärzte, alles zu versuchen, was in ihrer Macht steht, um das Leben des Kindes zu retten. Es ist seltener, daß Kinder so um das Leben ihrer Eltern kämpfen, hauptsächlich wohl deshalb, weil es im Zuge einer normalen Entwicklung liegt, daß alte Menschen die Welt verlassen müssen. Sind die sterbenden Eltern aber noch jung, können Kinder kämpfen und sie können verzweifeln.

Ein jedes Loslassen will vorbereitet sein. Es gibt Loslassen müssen, auf das man sich nicht vorbereiten kann, wie eben auf den frühen Tod der Eltern oder den Tod eines Kindes. Für anderes Loslassen gilt aber, daß man es voraussehen und sich darauf einstellen kann.

Manche Mütter nehmen wahr, daß es ihnen wehtut, wenn ein Kind zu laufen beginnt. Dieser erste Trennungsschmerz folgt in der Regel dem des Abstillens nach, das meist nicht als Trennung erlebt wird, weil es in das Füttern übergeht, bei dem Mutter und Kind noch nahe beisammen sind und wo das Kind die Mutter braucht. Nur besonders sensible Mütter oder solche, für die Trennung ganz allgemein etwas ganz Schlimmes ist, nehmen den Trennungsschmerz beim Laufenlernen des Kindes wahr. Sonst wird er meist durch die Freude überdeckt, daß das Kind nun die ersten Schritte macht und dazu imstande ist.

Wird die Trennung, eigentlich ist es ja nur eine Distanzierung, hier vollzogen, geschieht sie zu abrupt oder steht die Mutter dem Kind, nachdem es laufen gelernt hat, nicht weiter als ein sicherer Hafen zur Verfügung, gibt es Schwierigkeiten, wenn das Kind das erste Mal für halbe oder ganze Tage außer Haus soll. Viele Kinder erleben das früh, wenn sich befreundete Elternpaare die Betreuung von Kindern teilen. Man kann den Übergang dann allmählich gestalten, zum Beispiel dadurch, daß das Kind die befreundeten Eltern erst einmal in der Wohnung der eigenen Eltern kennenlernt.

Kommt das Kind aber in den Kindergarten, ist eine solche Vorbereitung oft nicht möglich. Nur wenige Kindergärten gestatten den Kindern ein »Schnuppern«.

Fühlt das Kind sich noch sehr auf die Mutter angewiesen, wird es Angst haben »allein unter Fremden« zu sein. Das gleiche gilt, wenn das Kind kein sicheres inneres Bild der Mutter entwickelt hat und es nicht zuversichtlich sein kann, daß die Beziehung zur Mutter wieder auflebt, wenn die Mutter, wie sie es versprochen hat, wiederkommt.

Kommt das Kind in keinen Kindergarten oder hält es das »Alleinsein unter Fremden« nicht aus und muß es den Kindergartenbesuch abbrechen, sind ähnliche Schwierigkeiten beim Übergang in die Schule zu erwarten. Diese Schwierigkeiten wiederholen sich dann, wenn keine Therapie gemacht wird, bei jeder neuen Situation, bei der es um eine Trennung oder auch nur eine Distanzierung von zu Hause geht.

Pointiert kann man sagen, daß es sich oft schon in den ersten beiden Lebensjahren eines Kindes entscheidet, wie es Trennungen als Erwachsener oder als Erwachsene verarbeiten kann und ob es Trennungen und Distanzierungen vorwiegend als Trauma oder als die Eröffnung neuer Möglichkeiten erleben wird.

Wie leicht oder schwer es den Eltern fällt, einem Kind Freiheit zu lassen, ohne es zu vernachlässigen, hängt von der *Persönlichkeitsstruktur der Eltern* und von deren Lebensverhältnissen ab. Die Persönlichkeitsstruktur wiederum entsteht aus Anlage und Umwelt. Auf die verschiedenen Persönlichkeitsstrukturen und ihre Schwierigkeiten beim Loslassen kann ich hier nicht im einzelnen eingehen. Ich verweise auf mein Buch *Kleine psychoanalytische Charakterkunde*. Immerhin sei aber erwähnt, daß Menschen mit einer depressiven und einer phobischen Charakterstruktur wohl die größten Schwierigkeiten beim Loslassen haben.

Neben der Persönlichkeitsstruktur und den äußeren Lebensumständen spielt auch das Lebensalter eine große

Rolle, mit dem meist spezifische äußere Lebensumstände verknüpft sind. Es macht einen großen Unterschied, ob ein Kind dann kommt, wenn die Eltern und besonders die Mutter noch eine Zeit vor sich haben, bei der es eigentlich darum geht, die Welt kennenzulernen, zu erobern, sich zu eigen zu machen; oder erst dann, wenn die Wünsche überwiegen, sich ein Zuhause zu schaffen, in dem dann auch Kinder gewünscht werden und ihren Platz zwanglos finden.

Kinder können zu früh kommen, aber dennoch akzeptiert werden. Manche junge Paare, und besonders viele junge Frauen opfern einem Kind viel an eigenen Lebensmöglichkeiten und finden diese Entscheidung richtig, andere brechen die Schwangerschaft ab. Es erscheint mir wichtig zu betonen, daß ein Kind, das zu früh kommt, dem Leben der Mutter und, wenn der Vater bei der Mutter bleibt, auch dem Leben des Vaters eine Wendung gibt, auf die beide sich nicht vorbereitet haben. Manchmal wird eine solche Wendung freilich unbewußt in Kauf genommen. Es gibt eine Flucht aus dem Beruf in die Familie, manchmal bereits eine Flucht aus der Ausbildung in die Familie.

Die Einstellung Kindern gegenüber, die zu früh gekommen sind und für die man sich entschieden hat, ist fast immer zwiespältig, wobei die ablehnende Seite dieser zwiespältigen Einstellung meist unterdrückt wird. Das hängt damit zusammen, daß die jungen Eltern sich die ablehnende Seite ihrer Einstellung zum Kind nicht zugestehen und sich diese Haltung vorwerfen würden. Deshalb wird die ablehnende Seite der Einstellung zum Kind abgewehrt und dabei häufig durch das Gegenteil ersetzt. Dann ist die bewußte Einstellung dem Kind gegenüber überfürsorglich, das Kind wird mehr zum Mittelpunkt des Lebens, als es sonst der Fall gewesen wäre, was ein späteres Loslassen erschwert. Viele überfürsorgliche junge Eltern sind in einem unbewußten Kampf mit dem Wunsch, das Kind wieder loszusein, was sich in einem einseitig positiven Verhalten dem Kind gegenüber ausdrückt, das dann zu Überlastungen führen kann. Man mag dem Kind auch keine Grenzen setzen, weil das als aggressiv erlebt wird, und aggressiv möchte man auf keinen Fall sein.

Ganz ähnliche Schwierigkeiten gibt es bei zu alten Eltern. Sie haben oft ihr Leben nach eigenem Gusto leben können, sind vielleicht viel gereist und haben Karrierepläne verwirklicht. Es fehlt jetzt nur noch ein Kind. Bei manchen Paaren ist das aus biologischen Gründen schwierig geworden. Eine Schwangerschaft, die dennoch eintrifft, wird dann oft als großes Glück empfunden. Die Eltern, bezüglich ihrer eigenen Lebensinteressen saturiert, wenden sich dem Kind relativ eindeutig zu und sind bereit, viel für das Kind einzusetzen, manchmal dann wieder zu viel. Ein Verlust des Kindes, etwa durch einen Verkehrsunfall auf der Straße, kann dann sehr gefürchtet werden und die allgemeine Einstellung gegenüber den expansiven Bedürfnissen des Kindes bestimmen. Es kommt zu einem ängstlich-behütenden Verhalten. Andererseits ist der berufliche Ehrgeiz oft schon befriedigt oder im Begriff, befriedigt zu werden, so daß die Eltern in die Entwicklung ihres Kindes nicht mehr so viel Ehrgeiz setzen wie solche, die dem Kind den heimlichen Auftrag geben, im Leben mehr zu erreichen als sie bislang erreicht haben.

Es gibt aber auch Eltern, die sich zu sehr daran gewöhnt haben, eigene Interessen zu verwirklichen und nun in Schwierigkeiten kommen, wenn sie für die Interessen des Kindes, zumindest zeitweilig, zurückstehen müssen. Dann kommt es zu ähnlichen Problemen wie bei Eltern, deren Kind zu früh gekommen ist – zu heimlicher Ablehnung, zu kompensatorischer Überfürsorge und zu

Schwierigkeiten in Trennungssituationen; gerade weil unbewußt gewünscht wird, daß das Kind schnell selbständig wird und die Eltern dadurch entlastet. Andere Eltern streben bewußt ein zu frühes Selbständigwerden des Kindes an.

Ein überbehütendes Verhalten kann dazu führen, daß das Kind nicht nur zu sehr beschützt wird, es wird auch in allen Lebensaufgaben, die im Laufe seiner Entwicklung auf das Kind zukommen, zu sehr unterstützt. Überfürsorgliche Eltern ergreifen in jeder Situation die Partei ihres Kindes, zum Beispiel den Lehrern gegenüber, was dazu führen kann, daß die Eltern sich in einen Kampf mit der Schule und ihren Repräsentanten verwickeln und dazu viel Kraft und Zeit aufwenden, statt das Kind dabei zu unterstützen, bessere Lernfortschritte zu machen und so die Anforderungen der Schule zu erfüllen.

Kommt es dann bei den Kindern im jugendlichen Alter zu den ersten Partnerwahlen, werden die Partner meist für nicht gut genug gehalten. Die Eltern unterstützen das Kind in hohen Ansprüchen auf eine Partnerschaft und sind entsetzt, wenn es diese nicht so hat, wie sie es sich vorstellen. Ein solches Verhalten kann natürlich auch andere Gründe haben, zum Beispiel schlicht Eifersucht.

Die Ablehnung der Partner zeigt sich nicht nur bei den ersten Partnerwahlen, die eher einen ausprobierenden Charakter haben, sondern auch später, wenn es darum geht, daß der Junge oder das Mädchen, nun schon erwachsen geworden, auf der Suche nach einem Lebenspartner ist. Hängen der Sohn oder die Tochter auch innerlich noch an den Eltern, kommt es in einer späteren Lebensgemeinschaft oft zu Konflikten zwischen dem Wunsch, die Eltern zu behalten und dem Partner oder der Partnerin voll als Partner zur Verfügung zu stehen und die Aufgaben zu übernehmen, die damit zusammenhängen. Solche Konflikte nehmen oft die Gestalt von Loyalitätskonflikten an, hinter denen aber oft Bedürfnisse nach Nähe und Versorgung stehen, auf die nicht verzichtet werden kann. Die »böse Schwiegermutter« ist nicht nur deshalb »böse«, weil sie den Sohn oder die Tochter nicht loslassen will, sondern auch deshalb, weil der Sohn oder die Tochter jeder ihre Mutter nicht loslassen möchte und sie als Schwiegermutter deshalb die Funktion erhält, Sohn und Tochter daran zu hindern, sich voll auf den Partner oder die Partnerin einzulassen. Die Schwiegermutter als Rivalin oder der Schwiegervater als Rivale sind zwar dann in den Augen der Partnerin oder des Partners eines solchen Sohns oder einer solchen Tochter schon deshalb »böse«, weil sie überhaupt existieren und die Wünsche und Bedürfnisse des Sohns oder ihrer Tochter auf sich ziehen. Gleichzeitig kämpfen der Sohn oder die Tochter aber gegen die innere Abhängigkeit und können nun besonders wütend auf die Eltern werden, weil diese durch ihre Angebote den Konflikt zwischen dem Wunsch nach Selbständigkeit und dem Wunsch, abhängig zu bleiben, unterhalten.

Söhne und Töchter, Väter und Mütter machen sich dabei meist nicht klar, wie weit die Wurzeln des gegenwärtigen Konflikts in die Vergangenheit zurückreichen. Die Eltern wollen »alles richtig gemacht« haben, die Kindern erinnern sich meist gar nicht an die ersten drei Lebensjahre, als es die Eltern schwierig fanden, einen günstigen Kompromiß zwischen dem Wunsch zu finden, die Kinder bei sich zu behalten oder die Kinder selbständig werden zu sehen.

Der Wunsch, alles richtig gemacht zu haben, spielt übrigens sowohl bei ganz jungen wie bei den beinahe schon zu alten Eltern eine Rolle. Bei jungen Eltern kann der Gedanke, einen Fehler gemacht zu haben, gegen eigene vitale Interessen verstoßen zu haben, indem sie ein

Kind zeugten und zur Welt kommen ließen, unerträglich sein. Alte Eltern sind oft unsicher bezüglich ihrer Fähigkeiten, ein Kind gut aufzuziehen, möchten diese Unsicherheit aber nicht wahrhaben. Oft hat ein Zweifel an solchen Fähigkeiten auch eine Rolle dabei gespielt, daß man das Kinderkriegen so lange aufgeschoben hat. Besonders Menschen mit einer *zwanghaften Charakterstruktur* (König 1992) können es schwer ertragen, Dinge nicht richtig zu machen. Sie schieben deshalb Entscheidungen auf, darunter die Entscheidung für Kinder.

Natürlich lassen sich nicht alle Schwierigkeiten, die Eltern mit Kindern und Kindern mit Eltern haben, auf den Zeitpunkt von deren Geburt zurückführen. Es gibt tiefliegende Probleme, die bewirken können, daß man Kindern gegenüber sehr zwiespältig eingestellt ist, und es gibt reale Unzulänglichkeiten im Umgang mit ihnen, die mit dem Zeitpunkt der Geburt nichts zu tun haben müssen; sie wären zu jeglichem Zeitpunkt aufgetreten. Daneben gibt es Schwierigkeiten im Umgang mit Kindern, die viel mit der sozialen Situation der Eltern zu tun haben. Eltern, die aus einer Sozialschicht in die andere aufgestiegen sind, bewerten einen sozialen Aufstieg meist höher als Eltern, die innerhalb einer sozialen Schicht bleiben. Wer sozialen Aufstieg hoch bewertet, wünscht meist, daß die Kinder ihn ebenso bewerten und den sozialen Aufstieg der Eltern fortsetzen. Hier kommt es wieder zu Konflikten zwischen dem Wunsch, die Kinder bei sich zu behalten und von ihnen geschätzt zu werden, aber auch der Angst, die Kinder könnten sich den Eltern entfremden, wenn sie aufsteigen, und andererseits dem Wunsch, der Aufstieg möge stattfinden.

Nicht jeder Aufstieg wird aber gewünscht. Es gibt Kinder, die durch besondere Begabung auffallen und von den Lehrern motiviert werden, weiterführende Ausbildungsgänge anzutreten. Unser gesamtes Bildungssystem gibt den Kindern heute bessere Aufstiegschancen als das in früheren Zeiten, zum Beispiel noch in den Jahren unmittelbar nach dem Zweiten Weltkrieg der Fall war. Die Kinder und auch die Eltern könnten es sich übelnehmen, diese Aufstiegschancen nicht genutzt zu haben. Die große Zunahme der Studentenzahlen hat bewirkt, daß heute die meisten Studierenden Eltern haben, denen die Chance eines beruflichen Aufstiegs durch ein Studium nicht zur Verfügung stand. Ist der Wunsch der Eltern, die Kinder bei sich zu behalten, stärker als der Wunsch, daß sie aufsteigen, fürchten die Kinder oft den Weg in eine andere Sozialschicht, oder sie erleben ihn als zu beschwerlich. Es kommt dann im Studium zu Examensschwierigkeiten und zu Studienabbrüchen, obwohl die vorhandenen Begabungen einen Abschluß des Studiums ermöglicht hätten.

Die Konflikte zwischen den Kindern, die in eine höhere Sozialschicht aufgestiegen sind, und den Eltern haben oft erst mit dem Tode der Eltern ein Ende. Ein äußerer Konflikt wird dadurch entschärft, daß man die Eltern in der Erinnerung idealisiert. Was an ihnen gestört hat, wird vergessen, und die positiven Eigenschaften werden in der Erinnerung intensiver und goldener. Die Eltern werden vielleicht als besonders warmherzig und fürsorglich erinnert.

Die meisten Eltern sterben wohl leichter, wenn sie mit der Entwicklung ihrer Kinder zufrieden sind, besonders dann, wenn die Kinder in irgendeiner Form das für wichtig halten und weiterführen, was den Eltern wichtig war und was sie geschaffen haben – konkret, wenn sie etwa den Betrieb der Eltern übernehmen oder einen ähnlichen Beruf erlernen oder wenn sie die ehrgeizigen Aufstiegswünsche der Eltern erfüllen konnten. Aber nicht nur das, auch eine per saldo als positiv erlebte Beziehung zu den Kindern kann die Eltern befriedigen und es ihnen leichter machen, von den Kindern Abschied zu nehmen. Haben aber die Kinder die Erwartungen der Eltern nicht erfüllt, wird das Abschiednehmen schwer. Die Eltern machen sich Vorwürfe, das ihre nicht dazu beigetragen zu haben, und machen den Kindern Vorwürfe, weil die wiederum das ihre nicht beitragen konnten oder wollten.

Mit ihren Kindern leben alte Menschen wahrscheinlich dann am besten, wenn sie imstande sind, sich an einer guten Beziehung zu den Kindern zu freuen, und bereit sind, auf gemeinsame Zeit dann zu verzichten, wenn das die Beziehung verbessert, und sich an gemeinsamer Zeit zu freuen, wenn das die gute Beziehung stärkt und die Entwicklung der Kinder fördert. Dabei dürfen eigene Interessen aber nicht außer acht gelassen werden. Eigene Wünsche müssen nicht immer nur damit gerechtfertigt werden, daß ihre Erfüllung auch für die Kinder gut sei. Ein Austragen von Interessenkonflikten mit den Kindern fördert deren Entwicklung.

Daß viele Menschen heute allein sterben oder unter Umständen, die es verhindern, daß Kinder sie so begleiten wie die Eltern und oft auch die Kinder das möchten, hindert beide, Eltern und Kinder, auch daran, gemeinsam um das Nichterreichte und Nichtgelebte zu trauern und sich durch die Arbeit des Trauerns von der Last des Nichterreichten und Nichtgelebten zu befreien. Ich denke hier an die Intensivmedizin, die trotz vieler positiver Aspekte gerade das Abschiednehmen von Eltern und Kindern schwer macht. Sterbende sind heute häufiger von Schwestern und Pflegern, Ärztinnen und Ärzten umgeben als von ihrer Familie. Erst wenn sie gestorben sind, können sie von der Familie »abgeholt« werden. Auf diese Aspekte hat zum Beispiel Nuland (1994) eindrücklich hingewiesen.

Der Tod von Kindern

Immer wieder kann man hören, daß der Verlust eines Kindes das Schlimmste ist, was Eltern sich vorstellen können. Tatsächlich ist für die meisten Menschen der Tod eines Kindes so schlimm, daß mit ihm nur unter dem Einsatz von Abwehrmechanismen umgegangen werden kann, die ein Bild von der Realität erzeugen, das nicht den Tatsachen entspricht. Besonders gilt das für die Ursachen. Viele Menschen haben irgendwo in einem Winkel ihres Bewußtseins, – manchmal auch nur im Unbewußten – die Phantasie, sie müßten imstande sein, den Tod eines Kindes zu verhindern, und gäbe es auch noch so vieles, das dem entgegensteht. Ebenso wie wir uns unseren eigenen Tod nicht wirklich vorstellen können, weil Abwehrmechanismen uns davor bewahren, insbesondere der Abwehrmechanismus der Leugnung (»ich weiß es vom Verstand her, aber eigentlich kann ich es nicht glauben«), versagen unsere realitätsbezogene Vorstellungskraft und unser realitätsbezogenes Denken, wenn es darum geht, einzuschätzen, was zum Tode eines Kindes geführt hat. Selbstvorwürfe ohne reale Grundlage, Vorwürfe gegen alle, die sich um das Überleben des Kindes vergebens bemüht haben, werden erdacht und vorgebracht. Oft grübeln die Eltern auch lange, was sie selbst noch hätten tun können. Reale Versäumnisse werden mit nur vorgestellten durchmischt.

Andere Eltern wieder unterlassen es ganz, sich mit der Vergangenheit zu beschäftigen. Das Kind könne doch nicht wieder lebendig gemacht werden. Was vorbei sei,

sei vorbei, man müsse jetzt den Blick auf die Zukunft richten. Eine solche Einstellung kann sich nützlich auswirken, wenn es darum geht, die Entwicklung verbleibender Kinder zu fördern, statt alle psychischen Kräfte im Grübeln zu binden. Problematisch ist dieses nach vorne Blicken aber, wenn das verstorbene Kind aus dieser Einstellung heraus bald durch ein neues ersetzt wird, das an dessen Stelle treten soll. Dieses »Ersatzkind«, oft kurz nach dem Tode des gestorbenen Kindes gezeugt, wird mit einer schweren Hypothek geboren. Es soll das verlorene Kind ersetzen, aber nicht so, wie es war oder später geworden wäre, sondern in einer idealisierten Form.

Selbst wenn das nächste Kind nicht ausdrücklich als Ersatzkind geplant worden ist, werden oft doch überhöhte Erwartungen an dieses Kind gerichtet. Gibt es Schwierigkeiten mit ihm, wird gesagt oder zumindest gedacht, daß man es mit dem verstorbenen Kind sicher leichter gehabt hätte. Lernt das Nachfolgekind nicht gut, wird davon gesprochen oder zumindest gedacht, ein wie glänzender Schüler oder eine wie glänzende Schülerin das verlorene Kind geworden wäre.

Diese überhöhten Erwartungen kombinieren sich dann häufig mit einer übergroßen Ängstlichkeit. Das Nachfolgekind ist insuffizient, es soll ihm aber nichts zustoßen. Zum Teil hängt das mit unterdrückten aggressiven Impulsen gegenüber dem Kind zusammen, die entstehen, weil es enttäuscht. Man hat es dann mit überfürsorglichen, im Kern aber aggressiven Eltern zu tun.

Die Kombination eines überfürsorglichen Verhaltens und hohen, immer wieder enttäuschten Erwartungen wirkt sich auf die Entwicklung des Kindes oft sehr ungünstig aus. Die Eltern möchten, daß das Kind etwas leistet, nicht nur, daß es lieb und nett sei. Durch ihre Überfürsorge hindern sie das Kind aber daran, durch Versuch und Irrtum zu lernen, auch wenn der Irrtum mit sich bringen würde, daß es sich einmal den Kopf oder das Knie aufstößt. Damit schränken sie die Leistungsmöglichkeiten des Kindes ein und machen es ihm erst recht unmöglich, den Erwartungen zu entsprechen.

Nachfolgekinder können sich bei guten Anlagen aus dieser Zwickmühle befreien, das gelingt aber nicht immer. Das Unglück mit dem ersten Kind setzt sich in anderer Form mit dem zweiten Kind weiter fort. Das Nachfolgekind gedeiht nicht gut.

Selten können Eltern sich dem Verlust eines Kindes ganz ohne fremde Hilfe stellen. Sie brauchen Trost, aber auch Hilfe bei der Realitätsprüfung. Angehörige, zum Beispiel die Großeltern, können solche Hilfe geben. Manchmal können auch Ärzte helfen. Daran hindern sie freilich oft Vorwürfe der Eltern oder auch Selbstvorwürfe, die sie sich machen, wenn sie selbst der Meinung sind, das Kind hätte vielleicht gerettet werden können. Manche Ärzte verhalten sich in einer solchen Situation auch ausgesprochen naiv. Ich weiß von einem Gynäkologen, der einer Frau, die ihr Kind verloren hatte, riet, sie solle möglichst bald ein zweites Kind bekommen, um sich von dem Verlust des ersten Kindes abzulenken. Er riet also genau zu dem, was eigentlich vermieden werden sollte.

Wie junge Menschen mit alten umgehen

In diesem Buch wird an verschiedenen Stellen darauf eingegangen, welches Verhalten von Eltern ihren Kindern gegenüber voraussichtlich für deren Entwicklung günstig ist. Bei Kindern interessierte man sich vorwiegend für die Phantasien, bei Eltern für das Verhalten. Über die Phantasien der Eltern wußte man bisher wenig. Das Verhalten der Kinder wurde in der Regel als eine Folge des Elternverhaltens aufgefaßt. Erst später wurde diskutiert, welche Phantasien ein Kind bei den Eltern auslösen kann, zum Beispiel irreale oder auch real begründete Ängste des Kindes, durch den Vater von der Seite der Mutter verdrängt zu werden. Die Forschungsergebnisse der Baby-Watcher (Säuglingsbeobachter, vgl. bei Dornes 1993, Lichtenberg 1991) haben gezeigt, daß schon ein Säugling eine handelnde Person ist, die mit den Eltern zielgerichtet umgeht, wobei der Säugling ein reiches Verhaltensrepertoire zur Verfügung hat. Die Kindertherapeuten und die Familientherapeuten konnten in ihrem Tätigkeitsbereich beobachten, daß Kinder ihre Interessen oft auf sehr komplexe, geradezu raffinierte Art durchsetzen und daß sie sich dabei oft eine Menge vornehmen. Zum Beispiel versuchen Kinder, Eltern, die sich zu trennen drohen, beisammen zu halten.

Es gab eine Zeit, in der man von der Fiktion ausging, ein Therapeut könne sich so neutral verhalten, daß er den therapeutischen Prozeß nicht beeinflußt. Heute wissen wir, daß ein solches Verhalten nicht realisiert werden kann und daß im übrigen auch das Alter, das Geschlecht und das Aussehen des Therapeuten Einfluß darauf haben, welche Art von Beziehung der Patient zu ihm entwickelt. In einer jeden Beziehung zwischen zwei Menschen gibt es ja Interaktionen von beiden Seiten her. Watzlawick (Watzlawick et al. 1969) hat ja gesagt, man könne *nicht nicht kommunizieren.* Wenn jemand gar nichts tut, wirkt eben das.

Entsprechend ist eine Aufteilung in den Umgang der Erwachsenen mit Kindern und den Umgang der Kinder mit den Erwachsenen künstlich. Man kann sie dennoch – zumindest partiell – vornehmen, wenn sie dazu dient, sich eine Übersicht zu verschaffen, und man darauf hinweist oder stillschweigend voraussetzt, daß zwar jede Interaktion von einer Person aus betrachtet werden kann, aber immer durch das Verhalten oder schon durch das Aussehen des anderen modifiziert wird. Wenn ein junges Mädchen einem alten Mann in der Straßenbahn einen Platz anbietet, hat das mit einer bestimmten Vorstellung zu tun, die das Mädchen – bewußt und unbewußt – von dem alten Mann gewonnen hat, auch von ihrer Vorstellung von einem angemessenen Verhalten alten Männern gegenüber. Der alte Mann wird auf das Angebot unterschiedlich reagieren, je nachdem, welche – bewußte und unbewußte – Vorstellung er von dem Mädchen und dessen Absicht und von sich selbst hat. Die Reaktionen des alten Mannes können dann sehr unterschiedlich sein. Der alte Mann kann das Angebot zum Beispiel als freundlich oder aber als kränkend empfinden – er möchte nicht ein Mann sein, den ein Mädchen für so alt hält, daß sie ihm einen Platz anbieten muß. Beides kann sich kombinieren.

Die Adoleszenz ist unter anderem deshalb interessant, weil es sich um die Zeit handelt, in der Kinder aus der Rolle eben des Kindes in die Rolle des Erwachsenen hinüberwechseln, was nicht ohne erhebliche Konflikte abgeht. Einerseits möchten die Kinder Kind bleiben, die Verantwortung für ihr eigenes Leben nicht so bald übernehmen, andererseits möchten sie tun, was sie für richtig halten und was ihnen gefällt, und insoweit schon die Entscheidungsfreiheit eines Erwachsenen haben; diese Entscheidungsfreiheit geht oft über die des sozial gebundenen Erwachsenen hinaus, der seine realen Entscheidungsspielräume kennt, während der Adoleszente größere Entscheidungsspielräume phantasiert und sich oft Lösungen von Beziehungsproblemen vorstellt, die sich in der Lebenspraxis kaum bewähren würden.

Adoleszente entdecken vieles neu, was der Erwachsene schon weiß, und leiten daraus oft die Illusion ab, sie seien die Entdecker, über seine Entdeckungen müsse der Adoleszente die Erwachsenen zu deren Besten informieren und aus diesen Entdeckungen ergäben sich neue Lösungsmöglichkeiten für die Probleme der Welt.

Der Erwachsene geht oft davon aus, Lösungen, die sich ihm bewährt haben, müßten sich auch dem Adoleszenten bewähren. Damit hat er manchmal recht, oft aber auch unrecht, weil die Lebensverhältnisse sich ändern und weil die Menschen verschieden sind. Der Erwachsene hat die gegenwärtigen Normen und Werte zum Teil rezipiert und angenommen, zum Teil hängt er aber auch noch Normen und Werten an, die zu früheren Stadien der gesellschaftlichen Entwicklung passen. Der Adoleszente ist in anderer Weise voreingenommen. In dem Wunsch, sich von den Bevormundungen durch die Erwachsenen in der eigenen Familie zu befreien und einen eigenen Weg zu gehen, sucht er nach neuen Vorbildern und findet sie bei den Gleichaltrigen oder bei Erwachsenen außerhalb der Familie; diese nehmen meist eine besonders progressive Position ein. Wenn die Eltern sehr progressive Positionen vertreten haben, kann er durchaus auch konservative Positionen übernehmen, mit denen er sich dann in der Familie durchzusetzen sucht oder die ihn, wenn es aussichtslos erscheint, sich durchzusetzen, veranlassen werden, innerhalb der Familie in eine innere Immigration zu gehen, ohne sich von der Familie loszureißen und allein zu wohnen. Dabei ist es der Wunsch vieler Adoleszenter, die Eltern überzeugen und in die neue, eigene Welt mitnehmen zu können. Dann hätte sich die Relation zwischen Lehrenden und Lernenden umgekehrt.

Tatsächlich halte ich es für wichtig, sich klarzumachen, daß man als Erwachsener von den Adoleszenten eine Menge lernen kann – nicht nur, wie man einen Computer bedient. Die Adoleszenten betrachten die Umwelt mit einem frischen Blick, nachdem sie sich aus den Eierschalen der elterlichen Lehrmeinungen befreit haben. Ich finde es nützlich zu versuchen, sich mit der frischen Perspektive vieler Adoleszenter ein Stück weit zu identifizieren, sie gleichsam auszuprobieren, indem man sie vorübergehend einnimmt. Wenn ein Erwachsener die Dinge aus der Perspektive des Adoleszenten beobachtet, kann er neue Erkenntnisse gewinnen, zum Beispiel kann er erkennen, daß bestimmte Dinge, die man immer schon so gemacht hat, unzweckmäßig getan werden und besser getan werden können.

Für den Adoleszenten sind die meisten Erwachsenen alt. Der Spruch: »Trau keinem über 30« drückt das aus. Man kann sich vorstellen, so zu werden, wie die Menschen unter 30, aber daß man einmal so werden könnte, wie der 40-, 50- oder 60jährige, oder gar noch ältere, liegt jenseits des aktuellen Vorstellungsvermögens.

Nicht selten haben Adoleszente zu den Großeltern aber eine konfliktfreiere Beziehung als zu den Eltern, weil die Großeltern keine unmittelbare Verantwortung für ihre Entwicklung tragen und eben schon deshalb weniger verbieten müssen. Der weise, aber machtlose Alte oder die machtlose weise Frau sind für viele Adoleszente positive Figuren.

Mit dem Eintritt ins Erwachsenenleben fächern sich die Altersstufen stärker auf. Bei vielen Menschen ist in der Mitte des Lebens der höchste Differenzierungsgrad erreicht. Bei ganz alten Menschen findet man wieder eine schwarz/weiß-Unterscheidung zwischen jung und alt. Vierzig- oder Fünfzigjährige werden vom Greis noch als jung empfunden, während sie sich selbst schon mit den ersten Zeichen des Alterns herumschlagen oder sich bemühen, diese Anzeichen nicht zur Kenntnis zu nehmen.

Beim Eintritt in das Erwachsenenleben differenziert sich die Einschätzung des Alters von Männern und Frauen zunehmend nach dem Geschlecht des Betrachters (ref. bei Buss 1994). Untersuchungen in den USA haben ergeben, daß für Frauen die Anziehungskraft von Männern auffallend wenig vom Alter abhängt, während bei Männern das Alter einer Frau eine große Rolle spielt – Forschungsergebnisse, die sich mit unserem Alltagswissen gut vertragen. Viele Frauen heiraten ältere Männer und ältere Männer junge Frauen, das Umgekehrte, ältere Frauen heiraten jüngere Männer, ist eine diskutierte und kritisierte Ausnahme. Buss (1994) erklärt das aus der Evolution. Für Frauen ist ein Partner mit hohem sozialen Status und großen materiellen Ressourcen wichtig, für den Mann eine gesunde Frau, deren Gesundheit sich in gutem Aussehen ausdrückt. Hier handelt es sich um angeborene Grundeinstellungen, die nicht immer im Einklang mit unserer Moral stehen.

Die Beziehung jüngerer Männer zu älteren Frauen ist auch außerhalb einer Partnerschaft oft problematisch, während junge Frauen mit älteren Männern, zum Beispiel als Vorgesetzte, meist gut auskommen. Die ältere Frau erinnert den jüngeren Mann an die Mutter, deren

Autorität und Macht er sich, oft gegen deren Widerstand, entzogen hat. Er möchte nicht noch einmal in Abhängigkeit von einer älteren Frau geraten. Frauen fürchten ebenfalls die Abhängigkeit von einer Mutterfigur, mit dem »Vater« können sie aber oft so umgehen, daß er ihnen die gewünschten Freiräume läßt.

Männer ertragen ältere Frauen im beruflichen Umgang meist am besten, wenn sie sich ihnen gegenüber eigentlich auch in einer Abhängigenposition befinden, ihnen aber hierarchisch übergeordnet sind, wie zum Beispiel ein Arzt einer Krankenschwester oder vielleicht einer Sekretärin. Unter diesen Voraussetzungen kann der Mann die positiven mütterlichen Aspekte älterer Frauen akzeptieren und genießen. Frauen können mit älteren Frauen besser dann umgehen, wenn sie ihnen untergeordnet sind. Hier schafft die Unterordnung wohl in erster Linie jene Distanz, die notwendig ist, um eine etwaige Angst vor der Verschmelzung mit einer Mutterfigur so weit zu dämpfen, daß sie erträglich bleibt oder erst gar nicht bemerkbar wird.

Eltern sterben früh

Nicht alle Eltern sterben ja alt. Wenn ein Vater oder eine Mutter, sagen wir einmal, zwischen 45 und 55 Jahren stirbt, befindet sich dieser Vater oder diese Mutter am Ausgang der Umstellungskrise in der Lebensmitte und meist noch in einer produktiven Lebenszeit. Irgendwie erscheint es sinnlos, ungerecht oder grausam, die Eltern in diesem Alter zu verlieren. In unserer heutigen, unruhigen Zeit und mit der Verlängerung der Ausbildungszeiten sind die Kinder oft noch nicht selbständig und hätten Hilfe durch ihre Eltern noch nötig gehabt. Es fällt den Eltern auch deshalb schwer, von den Kindern Abschied zu nehmen, und umgekehrt. Schlimmer noch ist es, wenn die Kinder wirklich noch Kinder sind und ohne Hilfe und Begleitung durch Erwachsene hilflos wären. Zwar muß in Deutschland heute niemand hungern, der seine Eltern früh verliert und Waise wird. Es kann aber durchaus sein, daß Waisenkinder in ein Heim kommen, wo sie oft wenig günstige Lebensbedingungen vorfinden und wo sie sich an neue Menschen gewöhnen müssen, die meist gar nicht die Zeit haben, ihnen zu helfen, den Verlust der Eltern zu verarbeiten. Das gilt, wenn beide Eltern umkommen, zum Beispiel bei einem Verkehrsunfall, und keine Verwandten da sind, die die Kinder zu sich nehmen können. Sonst wird es im allgemeinen so sein, daß nur ein Elternteil stirbt. Abgesehen von dem Verlust, der beim Kind immer ein Trauma verursacht, ändert sich durch den Verlust eines Elternteils auch die Beziehung zum anderen. Das Kind kann dem überlebenden Elternteil Vorwürfe machen, weil es den Tod des verlorenen Elternteils nicht verhindern konnte oder wollte. Vielleicht haben sich die Eltern oft gestritten und das Kind meint, der tote Vater oder die tote Mutter wäre noch am Leben, wenn die überlebende Mutter oder der überlebende Vater sie nicht so beschimpft hätte. Der überlebende Vater oder die überlebende Mutter wiederum klammert sich oft an das Kind. Da Mütter ab etwa Mitte dreißig seltener wieder heiraten als Väter, kommt es häufiger vor, daß Mütter Kinder, vor allem Söhne, zum Partnerersatz machen, zum Vertrauten, zur Stütze, zu jemandem, mit dem die Mutter Probleme bespricht, die das Kind noch gar nicht verstehen kann. Überlebt der Vater, stellt sich häufiger das Problem der Stiefmutter, die nun die schwere Aufgabe hat, viel Arbeit in die Betreuung und Erziehung eines Kindes zu investieren, das nicht ihr eigenes ist und das die Stiefmutter ablehnt. Hat das neue Elternpaar weitere Kinder, kommt es zu Konflikten zwischen den Geschwistern und den Halbgeschwistern.

Ich will dieses Kapitel nicht allzu sehr ausdehnen, weil der Verlust von Eltern in frühen Jahren zwar eine besondere, gravierende Bedeutung hat, andererseits aber doch selten ist. In Kriegszeiten kommt er natürlich häufiger vor. Männer und Frauen, die heute Großeltern sind, haben vielleicht ihre Eltern, besonders oft natürlich die Väter, im Krieg verloren. Männer und Frauen, die heute Eltern oder Kinder sind, tun sich meist schwer damit, mit den Großeltern darüber zu sprechen, und die Großeltern scheuen sich oft auch, daran zurückzudenken und den Verlust eines Elternteils oder beider Eltern zum Gesprächsthema zu machen. Das ist vielleicht gut so, vielleicht aber auch nicht. Wahrscheinlich könnte es zum Verständnis der Großeltern beitragen, wenn die jetzigen Eltern oder deren Kinder sich ein Bild davon machen könnten, was der Verlust der Urgroßeltern für die Großeltern bedeutet hat. Andererseits wieder ist es schwer, das zu vermitteln, und ein Klagen über etwas, das lange zurückliegt, kann auch aversive Reaktionen hervorrufen.

Eltern sterben alt

Auch wenn der Tod von Vater oder Mutter herbeigesehnt wird, zum Beispiel, weil sie sehr krank sind und man wünscht, daß sie nicht mehr leiden müssen, oder weil man selbst unter ihrer Krankheit und ihrer Pflege mehr leiden muß, als man aushalten kann, bedeutet der Tod eines Elternteils so etwas wie einen Schock. Gefühle werden wach, über die man längst hinweg zu sein glaubte – Gefühle der Zuneigung, des Ärgers, der Bewunderung, der Verachtung. Auch bei Menschen, die das nicht erwartet hätten, treten Gefühle der Dankbarkeit auf. Mit der Zeit schieben sie sich bei vielen Menschen sogar in den Vordergrund.

Selten sind alle diese Gefühle zur gleichen Zeit spürbar. Es heißt ja: über die Toten nur Gutes. Vorwürfe werden auf die eigene Person umgeleitet und wechseln den Inhalt. Man hat sich um die Eltern nicht ausreichend gekümmert, sich nicht dankbar gezeigt für alles, was sie getan haben, ihre Schwächen nicht toleriert und ihre Stärken nicht anerkannt.

Andere erleben nach dem Tod ihrer Eltern vorwiegend das Negative. Sie empfinden ein Gefühl der Erleichterung und denken, daß jetzt ein Mensch gestorben sei, um den es nicht schade ist, und sie suchen dafür Gründe. Manchmal kann die eigene Zuneigung nur auf dem Weg über das Beispiel anderer empfunden werden, etwa durch das Wahrnehmen des Betroffenseins anderer Menschen, die mit dem Vater oder der Mutter auch, aber weniger eng, umgegangen sind. Sie haben die positiven und negativen Seiten des Vaters oder der Mutter aus einer größeren Distanz mitbekommen und können sie deshalb besser gewichten.

Manche Menschen erleben erst nach dem Tod ihrer Eltern ein tiefes Gefühl der Zuneigung, das sie selbst überrascht. Vorher war dieses Gefühl vielleicht von Ärger überdeckt, Ärger im Umgang mit den alten, starrsinnig gewordenen Eltern, die zuletzt so wenig Verständnis für ihre Kinder aufgebracht hatten.

Für den Sohn wie für die Tochter ist die Mutter die erste wichtige Beziehungsperson. Die Tochter nimmt die Mutter jedenfalls später als Modell oder lehnt sie ab, teilweise oder in der Gänze. Von der Mutter fühlt sich die Tochter als Frau verstanden oder gerade nicht verstanden.

Vom Vater fühlt sich die Tochter geliebt oder gerade nicht geliebt. Der Vater ist der erste Partner, nicht in dem gleichen Sinne wie andere Männer, sondern in einem ganz besonderen, androgynen Sinne. Gerade für Töchter, die von der Mutter enttäuscht sind, ist der Vater Vater und Mutter zugleich. In mehr Fällen als man früher gedacht hat und wahrscheinlich in weniger Fällen als man heute glaubt, war die Beziehung zwischen Vater und Tochter zu eng. Die Generationenschranke wurde in irgendeiner Form überschritten.

In diesem Buch will ich auf dieses Problem nicht eingehen. Die Untersuchungen darüber sind zur Zeit noch im Fluß. Ich möchte nur darauf hinweisen, daß es viele Formen des Mißbrauchs gibt und daß nicht alle eine manifest sexuelle Form annehmen. Viele Väter, besonders solche, die von der Mutter enttäuscht sind, erleben die Tochter als Partnerin, über die sie eifersüchtig wachen und die sie keinem anderen Mann gönnen. Für den Vater ist es andererseits schwierig, einen Kompromiß zu finden zwischen der erlaubten und sogar entwicklungsfördernden Anerkennung seiner Tochter als Frau und einem zu großen, grenzüberschreitenden Interesse an ihr.

Zwischen Mutter und Sohn finden Übergriffe, wie sie zwischen Vater und Tochter nicht ganz selten sind, meist nur in einer verschleierten Form statt. Sexuelle Handlungen, wenn sie überhaupt stattfinden, müssen verdeckt bleiben, weil Sexualität zwischen Mutter und Sohn sehr viel stärker tabuisiert ist. Oft nehmen erotisch gefärbte Handlungen der Mütter eine pflegende Gestalt an, zum Beispiel badet die Mutter ihren vierzehn- oder sechzehnjährigen Sohn. Die Generationenschranken werden überschritten, aber oft in einer subtilen Art und Weise, scheinbar werden sie in der pflegenden Rolle aufrechterhalten.

Wird ein Vater oder wird eine Mutter verloren, mit der sexuelle Handlungen in irgendeiner Form stattgefunden haben, brechen oft intensive gegensätzliche Gefühle auf, die schwer auszuhalten sind. Manchmal werden solche Gefühle völlig unterdrückt, so daß nicht geweint und nicht getrauert werden kann, aber auch kein Gefühl des Hasses oder der Wut aufsteigt.

Überhaupt kommt es nicht selten zu einem »Abschalten« der Gefühle, wenn die Beziehung zu einem Elternteil sehr zwiespältig war. Ein Patient, dessen geliebter und gehaßter Vater gestorben war, kam nach meinem Urlaub in die erste psychoanalytische Therapiestunde und sagte: »Mein Vater ist gestorben.« Ich suchte nach Worten, um ihm zu sagen, daß das wohl schlimm für ihn sei und ich das mitfühlen könne. Seine nächsten Worte waren aber: »Ich fühle gar nichts.«

Nicht alle Beziehungen zu den Eltern waren so konflikthaft. Manche Beziehungen hatten Zeit, im Inneren gelöst zu werden, als die Eltern noch lebten. Das gibt es besonders bei langen Krankheiten der Eltern, unter denen die Eltern nicht sehr leiden und durch die sie ihre Kinder wenig belasten; sei es, daß dies in der Art der

Krankheit liegt, oder daß die Eltern von anderen Personen gepflegt wurden.

Nur wenige Kinder können mit den Eltern über deren bevorstehenden Tod sprechen. Eine Patientin erzählte mir, daß ihre Mutter darüber sprechen wollte, wo man sie beerdigen sollte. Damals war sie krank, es dachte aber noch niemand, daß sie bald sterben würde. Die Tochter winkte ab, es sei ja noch Zeit. Die Mutter ist dann plötzlich gestorben, und die Tochter machte sich Vorwürfe darüber, daß sie dem Interesse der Mutter, zu wissen, wo ihr Körper schließlich bleiben würde, nicht nachgegeben und mit ihr nicht ernsthaft darüber gesprochen hatte.

Sterben alte Eltern aus scheinbar voller Gesundheit, ist der Schock vielleicht am größten. Man konnte sich nicht vorbereiten. Andererseits ist es dann leichter, die Eltern so in Erinnerung zu behalten, wie man sie gemocht und vielleicht auch bewundert hat. Das gilt besonders für den Vater. Söhne, aber auch Töchter, leiden oft sehr darunter, daß ein bewunderter Vater nicht nur seine körperlichen, sondern auch seine geistigen Kräfte verliert, von anderen Menschen sehr abhängig, vielleicht auch wehleidig wird und nichts mehr bietet, was man bewundern kann.

Tapferkeit gegenüber einer Krankheit wird oft bewundert, nicht nur von Schwestern und Pflegern, Ärztinnen und Ärzten im Krankenhaus, sondern auch von den Angehörigen. Viele Eltern wissen das, und sie versuchen, sich vor den Kindern möglichst wenig anmerken zu lassen, daß sie unter einer Krankheit leiden. Es ist schwer zu sagen, ob so etwas gut ist. Manche alten Leute befriedigt es vielleicht, ein gutes Bild abzugeben und in äußerer Würde zu sterben. Andere leiden unter der Distanz, die ein solches Verbergen zwischen ihnen und den Kindern aufrichtet. Überhaupt ist es schwer zu sagen, ob es gut ist, wenn Menschen sich ein »gutes Sterben« zur Aufgabe machen. Wahrscheinlich hängt das von der Primärpersönlichkeit ab. Menschen, die einen großen Teil ihres Selbstwertgefühls daraus bezogen haben, daß sie Aufgaben gut erfüllten, schließen ihr Leben wahrscheinlich am besten so ab, andere überfordern sich dabei und verzichten auf offene Worte zwischen ihnen und ihren Kindern, die ihnen einen besseren Abschluß ihres Lebens ermöglicht hätten.

Als die Medizin noch weniger ausrichten konnte, starb man auch deshalb zu Hause, weil es keine medizinischen Maßnahmen gab, die im Krankenhaus das Leben gegenüber dem, was in der Wohnung möglich war, verlängern konnten. Man ist heute auch der Meinung, die Kinder eines sterbenden Menschen würden durch die Pflege überfordert. Sie verfügen meist nicht über die nötigen Kompetenzen, so daß der sterbende Vater oder die sterbende Mutter zu Hause schlecht gepflegt wird und darunter leiden muß. Vielleicht wäre es eine gute Sache, wenn mehr Krankenhäuser eingerichtet würden, in denen man mit ausreichender pflegerischer und einer medizinischen Grundversorgung in Ruhe und umgeben von den Menschen sterben kann, die man gemocht hat oder zu denen man zumindest eine intensive Beziehung hatte.

Die 65-Jahre-Grenze

Manche Menschen lassen sich Ende fünfzig oder Anfang sechzig frühpensionieren oder frühberenten, andere hören mit 65 noch nicht auf zu arbeiten. Das Emeritierungsalter bei Universitätsprofessoren lag früher bei 68 Jahren, heute hört man mit 65 Jahren offiziell auf. Viele Ärzte arbeiten länger als bis zum 65. Lebensjahr, auch Rechtsanwälte oder Architekten tun das – eben die Angehörigen der freien Berufe. Als Kassenarzt soll der Arzt künftig mit 65 Jahren aufhören. Da die Unkosten einer Praxis nur mit Privatpatienten schwer einzubringen sind, werden die meisten ihre Tätigkeit dann wohl beenden. Ärzte, die ein Krankenhaus oder eine klinische Abteilung an einer Universität leiten, müssen mit 65 Jahren aufhören und verlieren damit ihr wesentlichstes Arbeitsfeld. Manche befassen sich anschließend noch mit Forschung, andere haben eine Privatpraxis. Das geht freilich nur, wenn sie in einem Fach arbeiten, das keinen großen apparativen Aufwand benötigt, zum Beispiel als Psychiater oder Psychotherapeut.

Künstler arbeiten in der Regel ohne eine Pensionsgrenze, auch wenn sie beim Staat angestellt sind. Der derzeitige Dirigent des Münchner Symphonieorchesters ist über 80 Jahre alt.

Warum hören manche Menschen früher auf? Körperlich Arbeitende wohl meist dann, wenn sie es körperlich nicht mehr schaffen, entweder im Rahmen des natürlichen Alterungsprozesses oder infolge von Berufskrankheiten, wozu etwa der erhöhte Gelenkverschleiß bei vielen schwer körperlich Arbeitenden gehört. Auch Lehrer hören oft früher auf. Sie arbeiten in einem Beruf, der viel Streß verursacht.

Früher wird natürlich auch aufhören, wer seinen Beruf nicht mag. Nicht alle Menschen üben ja den Beruf aus, den sie gern gehabt hätten, ohne daß es ihnen noch möglich wäre zu wechseln. Andere wieder haben den Beruf zu ihrem Hobby gemacht. Das erleichtert ihnen, nach 65 noch zu arbeiten und erschwert ihnen, aufzuhören, weil sie keine Alternative haben, sich zu beschäftigen. Menschen, die es gewohnt sind, in ihrem Beruf Dinge zu tun, die nicht nur ihnen selbst, sondern auch für andere wichtig sind, haben oft auch Schwierigkeiten damit, etwas zu tun, was nur noch für sie selbst eine Bedeutung hat. Andere fühlen sich erleichtert, wenn sie die Verantwortung für andere Menschen nicht mehr tragen müssen.

In vielen Berufen hat man Macht, die man mit dem Aufgeben des Berufs verliert. Menschen, denen Macht an und für sich wichtig ist, nicht nur als Mittel zu einem Zweck, klammern sich oft an die berufliche Tätigkeit. Eventuell suchen sie sich nach der Berentung oder Pensionierung eine ehrenamtliche Arbeit, die es ihnen weiterhin gestattet, Macht auszuüben.

Andere, denen Geltung wichtig ist, suchen ehrenamtliche Arbeit wegen der damit verbundenen Geltung. Wieder andere arbeiten ehrenamtlich, weil es ihnen Spaß macht, die betreffende Arbeit zu tun. Das ist dann eine primäre Motivation im Unterschied zu einer sekundären, zum Beispiel aus einem Bedürfnis nach Geltung und nach Macht. Freilich muß man nicht besonders geltungssüchtig oder machtversessen sein, um den Verlust an Anerkennung im Beruf und die Gestaltungsmöglichkeiten im Beruf zu vermissen. Zum Gestalten gehört ja auch Macht oder zumindest Einfluß, wenn es sich nicht um ein Gestalten im künstlerischen Sinne handelt.

Manche Alte, die noch gut in der Lage wären, einige Jahre weiterzuarbeiten, streben eine Frühpensionierung an, meistens um das sechzigste Lebensjahr, weil sie fürchten, sich später nicht mehr vom Arbeitsleben auf das Leben als Rentner oder Pensionist umstellen zu können.

Menschen, die dem Pensionsalter nahe sind, können begehrte Positionen innehaben. Wenn sie den Posten nicht freigeben, nehmen sie Jüngeren die Möglichkeit, sich in dieser Position zu entfalten. Vielleicht würden die Jungen in der Position, die ein Alter jetzt innehat, Besseres und mehr leisten können. Meistens ist das aber kein Motiv für den Alten, eine Position freizugeben, es sei denn an einen Mitarbeiter, an dessen Ausbildung er beteiligt war und den er ähnlich erlebt wie einen Sohn, der seine Arbeit weiterführen soll.

Wird eine Universitätsposition neu besetzt, hat der bisherige Inhaber meist wenig Einfluß auf die Neubesetzung, wenigstens keinen direkten. Er darf zum Beispiel nicht Mitglied der Berufungskommission sein. Oft kommt ein Nachfolger, der eine ganz andere Arbeitsrichtung vertritt und von dem man deshalb nicht sagen kann, daß er die Arbeit des Vorgängers weiterführt. Das ist häufig mit ein Grund, warum die Inhaber von Universitätspositionen sich gern noch ein oder zwei, manchmal mehr Jahre selbst vertreten, und es soll vorkommen, daß die Inhaber solcher Positionen eine Wiederbesetzung durch Intrigen hinauszögern.

Geisteswissenschaftler, wie übrigens auch Psychotherapeuten, brauchen in der Regel für ihre Arbeit keinen großen Apparat. Die Bibliotheken stehen ihnen weiter zur Verfügung, ein Arbeitszimmer in der eigenen Wohnung haben sie immer gehabt. Manche finden auch noch Doktoranden, die ihnen dabei helfen, ihre Ideen umzusetzen. Eine studentische Hilfskraft, die ihnen Bücher besorgt, Exzerpte macht oder Literaturverzeichnisse anlegt, können sie meist aus dem Geld bezahlen, das ihnen als Pensionisten zur Verfügung steht. Sie können auch noch Vorlesungen an der Universität anbieten. Insgesamt bedeutet die Emeritierung für sie keinen so großen Einschnitt, wie etwa für den Leiter einer chirurgischen Klinik oder eines physikalischen Instituts.

Im Unterschied zu Klinikern und zu Naturwissenschaftlern können sie noch aktiv forschend tätig sein, eben weil sie keinen großen Apparat dazu brauchen, während der Naturwissenschaftler oder Kliniker nur noch die Forschung anderer zur Kenntnis nehmen und kritisch beurteilen kann. Auf Kongressen nehmen die Alten dann oft beurteilend Stellung, oder sie beschäftigen sich mit der Geschichte ihres Faches.

Viele alte Menschen haben eine enge emotionale Bindung an die Stätte ihrer früheren Arbeit. So erzählte mir ein pensionierter Physiker, daß er in dem großen Industriebetrieb, wo er arbeitete, jetzt ein Museum betreut. Das Museum enthält Apparate, an deren Konstruktion und Herstellung er beteiligt war. Diese Arbeit macht er nicht nur, um sich zu beschäftigen und anderen dadurch zu nützen, indem er sie über das Vergangene informiert, sondern auch deshalb, weil dadurch eine Verbindung zur Firma aufrechterhalten bleibt.

Emeritierte Professoren werden die ersten Jahre nach der Emeritierung noch oft zu Vorträgen eingeladen. Man möchte von ihnen lernen und kann das unbeschwerter tun, weil sie nicht mehr in direkter Konkurrenz zu denen stehen, die aktiv arbeiten. Frühere Leiter psychotherapeutischer Kliniken machen Supervision an anderen Kliniken; nicht an der eigenen, wo sie dem Nachfolger dreinreden würden.

Bei der hohen Wertschätzung, die produktive Arbeit in unserer Gesellschaft genießt, wird leicht als überflüssig angesehen, wer nicht mehr arbeitet. Er soll den Ruhestand genießen und ansonsten das Maul halten. Das gilt besonders für solche pensionierte oder berentete Leute, die wegen der Art ihrer Tätigkeit rasch die Verbindung zu den Fortschritten ihres Faches verlieren. Die Klage von Menschen im Ruhestand, sie würden nicht mehr so geachtet und geschätzt wie früher, hat oft eine reale Basis. Sie ist nicht immer nur Ausdruck einer depressiven Verstimmung und einer durch die Depression hervorgerufenen, unrealistischen Beeinträchtigung des Selbstwertgefühls, die dann auf andere Menschen projiziert würde, so daß es nur so scheint, als würden die anderen den Alten nicht schätzen.

Erfolgreiches und scheiterndes Altern

In dem Buch: *»Die neugewonnene Freiheit, vier Modelle für erfolgreiches Altern«* stellen die Autoren (Berger und Gerngross 1994) verschiedene Typen alter Menschen dar. Die »Weitermacher« führen das fort, was sie immer schon getan haben, sie arbeiten zum Beispiel weiter als Künstler. Die »Anknüpfer« wechseln ihr Tätigkeitsfeld, nicht aber die Interessen. Sie knüpfen an Vergangenem an und führen es in anderer Weise fort. Die »Befreiten« fühlen sich von Verpflichtungen frei und genießen das von Verpflichtungen befreite, in dieser Hinsicht neue Leben. Die »Nachholer« möchten das tun, wofür sie sich immer schon interessiert haben, was sie aber bisher nicht tun konnten, zum Beispiel weil die Zeit dazu fehlte.

Diese Typologie bezieht sich nur auf das »erfolgreiche« Altern. Vielleicht sollte sie um Typen des scheiternden Alterns ergänzt werden. Ansonsten stimmt sie mit meinen Beobachtungen überein. Am problematischsten scheinen mit die »Nachholer« zu sein. Die »Befreiten« holen auch etwas nach, eben ein freies Leben. Dazu müssen sie aber nichts tun, als die vorhandenen Möglichkeiten zu nutzen. Beschränkungen sind fortgefallen und das bewirkt schon, daß sie sich frei fühlen. Zum Beispiel fallen sexuelle Erwartungen eines Partners fort, die sie nicht positiv bewerten konnten, weil ihnen die inneren Möglichkeiten dazu fehlten.

Die »Nachholer« dagegen wollen etwas nachholen, woran sie früher im Leben gehindert waren. Es muß aber offenbleiben, ob sie dazu noch die Kräfte besitzen. So werden Fälle beschrieben, wo Leute ein Studium begonnen haben. Ein solches Studium soll nicht einem Berufsabschluß dienen, die Alten studieren aus Interesse, das Studium ist ein Zweck in sich. Es trainiert die »grauen Zellen«, wird aber nicht zu Produktivität führen, und darin unterscheiden sich die Alten von den Jungen. Es gibt ja auch junge Leute, die zum Beispiel viel Geld haben, deshalb keinen Beruf ausüben müssen und einfach studieren, weil das Studium sie interessiert. Andererseits konfrontiert die unterschiedliche Motivation für das Studium und wahrscheinlich auch der unterschiedliche Umgang damit den alten Menschen doch damit, was ihn vom Jungen unterscheidet. Der junge Mensch will in den meisten Fällen »etwas mit dem Studium machen«. Für den alten Menschen bedeutet das Studium, abgesehen davon, daß er sich mit etwas beschäftigt, was ihn interessiert und was ihm Spaß macht, eine Art Fitness-Training. Das Training soll bewirken, daß er seine intellektuellen Fähigkeiten erst später einbüßt. Alte Menschen sind ja oft stolz, wenn sie ein hohes Alter in gutem Zustand erreicht haben. Wahrscheinlich ist es für einen Erfolg dieser Lösung auch wichtig, daß der fehlende Nutzen des Studiums in einer späteren Berufstätigkeit durch die größere Freiheit aufgewogen wird, mit der sich der alte Mensch dem Studium zuwendet. Er *muß* ja nicht etwas daraus machen. Insoweit ähnelt er vielleicht auch manchem Privatgelehrten früherer Zeiten, der mehr aus Interesse arbeitete, denn aus dem Wunsch, schlußendlich etwas Handfestes vorzuweisen, das in sich eine Weiterentwicklung darstellt und andere Entwicklungen anstoßen kann.

Letztlich ist eine solche Art des Studierens aber ein Hobby, einen Beruf kann es nicht ersetzen und soll es auch nicht. Einfacher haben es sicher Leute, die in der Lage waren, ihren Beruf zum Hobby zu machen und ihn dann mehr auf der Hobby-Ebene weiterführen, wobei immer noch die Möglichkeit besteht, daß sie wie früher nicht nur etwas für sich selbst, sondern auch für andere zustande bringen. Nicht zufällig wohl trägt das Buch von Berger und Gerngross auf dem Umschlag eine Zeichnung von Picasso – eines Künstlers, der noch in seinem Beruf gearbeitet hat, als er schon über 90 Jahre alt war.

Alte Frauen bewältigen den Verlust ihres Partners meist besser als alte Männer den Verlust ihrer Partnerin. Beim vorzeitigen Tod ist das umgekehrt. Prinzipiell können sich vierzig- bis fünfzigjährige Menschen durchaus noch an einen anderen Partner gewöhnen. In der Regel fühlen sie sich nach einiger Zeit auch in der Lage dazu, nach einem neuen Partner zu suchen.

Die Chancen für Männer und Frauen sind da aber verschieden. Während Männer in den Vierzigern und Fünfzigern meist leicht eine neue Partnerin finden, die jünger, oft erheblich jünger ist als sie selbst, ist es für Frauen in den Vierzigern und Fünfzigern oft schon sehr schwer. Bei den Ehevermittlungsinstituten sollen von Frauen dieser Altersgruppe bis zu zehnmal mehr Partnerschaftswünsche eingehen als von Männern der gleichen Altersgruppe. Das mag auch damit zusammenhängen, daß Männer die Tendenz haben, lieber »selber« auf Partnersuche zu gehen, als sich der Hilfe eines Instituts zu bedienen. Es hat sicher auch etwas damit zu tun, daß Männer zwischen Mitte vierzig und Mitte fünfzig für Frauen, auch jüngere Frauen, einen attraktiveren Partner darstellen als umgekehrt. Daß ältere Männer jüngere Frauen suchen, kann man wohl als Binsenwahrheit bezeichnen.

Untersuchungen in verschiedenen Kulturkreisen (ref. in: Buss 1994) haben gezeigt, daß dieses Phänomen relativ kulturunabhängig ist. Buss selbst erklärt es evolutionspsychologisch. Hat eine Frau ihren Mann verloren, wird sie vielleicht versuchen, einen gleichaltrigen oder wenig älteren Partner zu gewinnen. Ein Mann ihres Alters wird aber lieber eine jüngere Partnerin wählen, weil die als Mutter biologisch geeigneter ist, auch wenn bewußt kein Nachwuchs beabsichtigt wird. Da ältere Männer meist einen gesicherten Sozialstatus haben und oft über mehr materielle Ressourcen verfügen als junge, sind sie für jüngere Frauen attraktiv.

Da Frauen Mitte vierzig bis Mitte fünfzig und älter in der Konkurrenz um die Männer benachteiligt sind, bleiben sie nach dem Verlust eines Partners oft allein. Für die meisten Männer kann es schwierig sein, minderjährige Kinder von einem anderen Mann zu übernehmen und so den Nachwuchs jenes anderen Mannes aufzuziehen und in ihn zu investieren. Dazu sind Frauen im umgekehrten Fall meist eher bereit, wobei über die eigentlichen Motive noch Unklarheit herrscht. Meist nimmt man an, daß sie nur ihre Mutterinstinkte ausleben und lieber fremde Kinder aufziehen als gar keine. Abgesehen von allen persönlichen Bindungen, deren Bedeutung nicht unterschätzt werden sollte, bedeutet der Verlust eines Partners für Frauen mittleren Alters einen schweren Schicksalsschlag. Sie müssen damit rechnen, allein zu bleiben, zumindest ist die Wahrscheinlichkeit größer als bei einem Mann, der seine Frau verliert.

Die Hausfrau und die Pensionierung ihres Mannes

Hausfrauen werden nicht pensioniert, sie bleiben in ihrem Beruf, bis sie ihn wirklich nicht mehr ausüben können. Insofern gibt es für sie mit 65 (oder früher) keinen Übergang, damit auch keine Adaptationsprobleme. Die Adaptationsprobleme kommen aus einer anderen Richtung – durch die Berentung oder die Pensionierung des Mannes. Alle psychischen Probleme, die den Mann betreffen, erlebt die Frau mit. Um funktionsfähig zu bleiben, schotten sich manche Frauen gegenüber depressiven Verstimmungen und Unzufriedenheiten ihres Mannes ab. Das hat natürlich seine Gefahren. Es kommt bei der Pensionierung des Mannes nicht selten zu einer Umkehr der Geschlechterrollen. Während vorher die Frau über Dinge geklagt hat, die nicht funktionierten oder sie sonstwie belasteten und vom Mann erwartete, daß er mit ihr fühlte, klagt jetzt der Mann, weil er nicht mehr in der Lage ist, seine Probleme zu bewältigen – zum Beispiel eben, weil sich ihm nicht Aufgaben stellen, sondern Aufgaben weggefallen sind, und er mit der Leere nicht fertig wird, die ihn jetzt belastet. Er möchte, daß die Frau mit ihm fühlt. Die ist aber oft durch diese Rollenumkehr geängstigt. Sie möchte die Rolle der Starken nicht übernehmen, wird aber dazu gedrängt. Frauen reagieren dann häufig abweisend, ungeduldig und entwertend. Oft sind es die im Beruf besonders tüchtigen Männer, die den Fortfall ihres Tätigkeitsfeldes am schlechtesten vertragen. Sie haben nicht selten Frauen, die sich ihnen anpassen und von denen sie das auch verlangten. Eine solche Frau ist auch von ihrer Primärpersönlichkeit her wenig geeignet, nun die Rolle des Stärkeren und Tröstenden zu übernehmen. Wenn sie den Mann nicht ablehnt, fühlt sie sich insuffizient. Für viele solcher Frauen »bricht eine Welt zusammen«, wenn sie plötzlich entdecken, daß ihr Mann schwach geworden ist, sie sich an ihn nicht mehr anlehnen können und nun die Rolle derjenigen übernehmen sollen, an die der Mann sich anlehnt.

Andere Männer wieder wollen nicht zugeben, daß sie Schwierigkeiten haben. Ihre depressive Gemütsverfassung führen sie auf Unzulänglichkeiten ihrer Umwelt zurück. Sie entwickeln sich zu ausgesprochenen Meckerern und Miesmachern, was für sie immer noch besser ist, als depressiv zu sein, die Partnerin aber belastet und oft überfordert. Reagiert sie mit Gegenangriffen, kommt es in späten Jahren häufig zur Entwicklung einer sogenannten Kampfehe, in der sich die Partner alles vorwerfen, womit sie in der Gegenwart unzufrieden sind. Darüber hinaus werten sie oft auch das ab, was in der Vergangenheit gut war. Berufliche Erfolge des Mannes werden von der Frau entwertet: »Das hast du doch nur gemacht, weil ...« Der Mann wirft der Frau ihre Unselbständigkeit vor, die sich jetzt erst so richtig herausstelle, wo er von ihr nun auch ein bißchen Hilfe und Verständnis haben wolle. Manchmal kommt es dann zu Strindbergartigen Szenen.

Hat die Frau in jüngeren Jahren sexuelle Probleme, ist sie oft erleichtert, wenn das Klimakterium ihr eine Begründung liefert, den sexuellen Umgang mit ihrem Mann zu verweigern. Da es zunehmend bekannter wird, daß die Mehrzahl der Frauen ihre sexuellen Betätigung nach der Menopause nicht einstellt, wird die Begründung einer Frau, sie sei nun in der Menopause, vielfach nicht mehr akzeptiert. Die Frau muß dann sexuell weiter

»zur Verfügung stehen«, und erst das Versiegen der Potenz ihres Mannes bringt Befreiung.

Natürlich kränkt es den Mann, wenn er von dem Befreiungsgefühl seiner Partnerin erfährt. Je nach seiner Primärpersönlichkeit wirft er sich dann vor, seine Frau im Sexuellen nicht so gefördert zu haben, daß sie Sexualität mit ihm positiv erlebte, oder er entwertet die Frau, indem er ihr die sexuellen Schwierigkeiten zum Vorwurf macht, die sie daran hinderten, Sexualität als etwas Positives zu erleben und nun die Ursachen dafür sind, daß sie das Aufhören seiner sexuellen Erwartungen als Befreiung erlebt. Andere Männer wieder sind ebenfalls erleichtert.

Als Befreiung erleben Frauen häufig den Tod ihrer Partner. Das gilt besonders dann, wenn sie ihn pflegen mußten. Es gilt aber auch, wenn sie sich in ihrer Ehe, nicht nur im sexuellen Bereich, als sehr verpflichtet erlebt haben. Man kann sagen, daß eine verheiratete Frau erst mit dem Tode ihres Mannes »in Pension geht«, dabei aber nicht mit den gleichen Schwierigkeiten wie dieser konfrontiert ist. Das gilt für Nur-Hausfrauen, aber auch für berufstätige Frauen, die gleichzeitig Hausfrau waren und weiter als Hausfrauen arbeiteten, nachdem sie ihre Berufsarbeit aus Altersgründen einstellen mußten. Ihren Haushalt führen sie weiter, wenn der Mann tot ist. Das können sie und das füllt einen Teil ihres Tages aus. Sie brauchen auf den Mann aber nicht mehr Rücksicht zu nehmen. Manche Frauen vereinsamen im Alter, andere wenden sich anderen Frauen zu. In deren Gesellschaft machen sie Reisen, wenn das Geld dafür reicht. Haben sie Freundinnen, müssen sie vielleicht auch nicht allein sterben.

Bis jetzt habe ich die Ehe dieser Frauen natürlich nur von der Verpflichtungsseite her dargestellt. Die wenigsten Ehen sind aber ganz unter dem Verpflichtungsaspekt erfaßbar. Das miteinander Vertrautsein und eine Zuneigung, die neben dem miteinander Vertraut- und voneinander Abhängigsein noch einer der Faktoren ist, warum eine Ehe bis zum Tode eines der beiden Partner gehalten hat, macht die Trennung vom Partner schwer, und hierin ähneln sich solche Trennungen mit denen, die junge Menschen erleben, mit dem Unterschied, daß die jungen immer noch hoffen können, einen neuen Partner zu finden.

Männern geht es nach dem Verlust ihrer Partnerin meist schlecht. Selbst wenn sie im Haushalt mitgeholfen haben, fällt es ihnen schwer, die gesamte Verantwortung dafür zu übernehmen. Das hat nicht nur pragmatische Gründe. Sie waren ein Leben lang gewohnt, daß die Frau ihnen etwas zum Essen oder Trinken vorsetzte, selbst wenn es nur eine Tasse Kaffee war und sie sich sonst in Kantinen, Gasthöfen oder an der gemeinsamen Tafel im Altersheim verköstigten. Diese einfachen, sorgenden Handlungen waren für die Männer ein Residuum aus jener Zeit, als sie noch eine Mutter hatten. Sie verschafften ihnen ein Gefühl von Gemütlichkeit und auch von Sicherheit, das sie nun entbehren müssen. Wenn sie Freunde haben, können die ihre verstorbene Frau in dieser Hinsicht nur teilweise ersetzen.

Für verwitwete Frauen gilt, daß sie meist leichter imstande sind, Freundschaften zu schließen, wenn sie früher einmal berufstätig waren, was heute ja für die meisten Frauen zutrifft. Die Freundschaften werden dann nach dem Muster »Arbeitskollegen« geschlossen. Zwar arbeitet man nicht miteinander, aber man verbringt die »Pausen« zusammen, auch wenn die nun den ganzen Tag ausfüllen – die Zeit wieder abgerechnet, wo die Frau ihren eigenen Haushalt versorgt und sich vielleicht auch noch bei Enkelkindern als Großmutter nützlich macht.

Selbstwertgefühl und Rivalität im Alter

Alte Leute rivalisieren oft auf dem Wege über die Erfolge ihrer Kinder. Frauen und Männer in einem Altersheim stellen Bilder auf, die ihre Kinder in Situationen zeigen, aus denen man auf einen ökonomischen Erfolg schließen lassen kann. Sie stellen Fotos auf, die anläßlich eines Examens oder bei Töchtern oft anläßlich der Heirat gemacht wurden, wobei sie dann nicht versäumen darauf hinzuweisen, welchen Erfolg der Mann ihrer Tochter hat. Mütter, deren Kinder nicht die gewünschten Erfolge aufweisen, umgeben sich oft mit Bildern, die den Sohn oder die Tochter als Kind zeigen, also zu einer Zeit, als die Erfüllung aller Wünsche, die sie auf ihre Kinder richteten, möglich erschien.

Über Achtzigjährige sprechen oft stolz von ihrem Alter, wenn sie sich gesundheitlich wenig beeinträchtigt fühlen und jünger wirken. Ganz alte Leute, die Ende Achtzigjährigen oder Neunzigjährigen, sind oft einfach stolz darauf, überlebt zu haben. Eine neunzigjährige Verwandte berichtete mir, daß sie einen Schenkelhalsbruch und anschließend auch noch einen Herzinfarkt überstanden hatte und jetzt wieder auf den Beinen sei. So etwas erinnert an die Erzählungen alter Männer von ihren Kriegserlebnissen. Daß man es überstanden hat, läßt auch das Unangenehme in einem freundlichen Licht erscheinen. Man hat die Gefährdung, im Falle der Neunzigjährigen den Unfall und den Herzanfall, überwunden.

Manchen alten Leuten gibt die Tatsache, daß von ihnen niemand mehr Leistungen erwartet, das Gefühl einer neuen Freiheit. Es sind vor allem solche Alte, die ihr Leben lang unter einem Leistungsdruck standen und sich an den Ergebnissen ihrer Arbeit wenig freuen konnten. Manche Alte erleben gerade in der Sexualität, aber auch in der Arbeitsproduktivität Positiveres als früher, eben weil kein Erwartungsdruck mehr besteht.

Ich erinnere die über achtzigjährige Mutter des Inhabers eines Familienhotels, die immer noch den ganzen Tag tätig war, in der Küche, wo sie Gemüse putzte und in der entsprechenden Jahreszeit Marmelade und Kompott einkochte. Beim Waschen und Bügeln von Wäsche half sie außerdem. Wegen einer Gelenkarthrose hatte sie Mühe, die Treppe hinauf- und hinunterzugehen. Es war ein Landhotel ohne Lift. Sie stützte sich auf das Geländer und überwandt die Treppen mit einem gewissen Stolz.

Alte Leute, die noch etwas leisten, werden von den jungen meist sehr positiv bewertet; vielleicht deshalb, weil die Jungen Angst davor haben, im Alter nicht mehr das tun zu können, woraus sie den größten Teil ihres Selbstwertgefühls und manchmal sogar ihre Existenzberechtigung beziehen. Alte Leute, die in der Sonne auf der Bank sitzen, werden meist auch positiv bewertet – sie genießen ihr Alter und blicken, zumindest in der Phantasie der Jungen, auf Leistungen zurück.

Dagegen haben junge Leute meist einen Horror vor Alten, die über ihr Alter klagen oder melancholisch dreinsehen. Der fröhliche Alte oder die fröhliche Alte sind positive Figuren. Solche alten Leute leben den Jungen vor, wie sie selbst später gerne sein möchten.

Alte, die viel von der Vergangenheit erzählen, um auf frühere Leistungen hinzuweisen, werden von den jüngeren meist abgelehnt oder gerade noch und mit Mühe ertragen. Die Jungen haben, und oft zurecht, den Eindruck, daß die Alten mit den Jungen bezüglich dessen, was sie geleistet haben, konkurrieren möchten. Ebenso, wie sie auch sonst die früheren Zeiten positiver einschätzen als das Gegenwärtige, überschätzen die Alten dann oft das, was sie tatsächlich geleistet haben. Besonders sensibel reagieren jüngere Menschen auf solche Alten, die offen sagen, daß die Jungen sich so verhalten sollten wie früher die Alten. Die Jungen wissen ja, daß die Zeiten sich geändert haben und daß die Rezepte der Vergangenheit in der Gegenwart meist nicht mehr anwendbar sind; das gilt in besonderem Maße für den beruflichen Bereich. Bei Erzählungen aus dem privaten Bereich hören die Jungen schon lieber zu.

Zur Zeit erleben wir eine Rückkehr zu konservativeren Anschauungen. Das Pendel schwingt nicht nur unter dem Einfluß von AIDS von einem liberalen Umgang mit der Sexualität zu konservativeren Normen und Werten zurück. Die Befunde und Theorien der Evolutionspsychologie (z.B. Vogel 1989, Buss 1994) mit ihren Hinweisen darauf, daß die Unterschiede im Verhalten von Männern und Frauen mehr oder weniger auf die Lebensverhältnisse der Jäger und Sammler zurückgehen und sich in der Evolution deshalb herausgebildet haben, weil eine solche Weitergabe gar nicht bewußt intendiert ist, werden zunehmend rezipiert. Sie stützen einen vorsichtigeren Umgang mit Sexualität. Das ermöglicht den Frauen von heute, an die Lebensweisheiten ihrer Mütter und Großmütter wieder ein Stück weit anzuknüpfen, während sich für die Männer ja im Laufe diese Jahrhunderts viel weniger geändert hat als für die Frauen, da ein promiskuitives Verhalten von Männern schon immer eher akzeptiert wurde, im 19. Jahrhundert und zu Beginn unseres Jahrhunderts im Sinne der doppelten Moral.

Da sich die Mütter und Großmütter ihrerseits an die heutige Zeit ein Stück weit adaptiert haben, kommt es zu einer Konvergenz der Anschauungen von Tochter-, Mutter- und Großmutter-Generation, wobei sich die Töchter oft mit den Großmüttern besser zu verstehen scheinen; die heutigen Mütter jugendlicher und erwachsener Töchter stammen ja zu einem großen Teil aus den Protestzeiten der sechziger und siebziger Jahre und werden wegen ihrer »freien« Auffassungen bezüglich des Umgangs mit Sexualität von den heute Jüngeren sogar belächelt.

Was die eigene Sexualität der Alten angeht, sind die Unterschiede bezüglich der psychischen und physischen Möglichkeiten, Sexualität zu leben, wohl ähnlich variabel wie das für die Adoleszenten zutrifft. Die psychischen Hemmungen, Sexualität zu leben, sind bei Adoleszenten ja oft groß, und nicht immer wird Sexualität aus freien Stücken gelebt. Oft wird der sexuelle Umgang miteinander als vorzeitig empfunden, die Adoleszenten stehen aber unter einem sozialen Druck, sich als sexuell liberal zu zeigen. Natürlich sind die sozialen Erwartungen in verschiedenen Gesellschaftsschichten und auch in vielen Religionsgemeinschaften unterschiedlich. Alte Menschen stehen oft unter dem Druck, Sexualität nicht zu leben, weil sie, zumindest bei der Frau, nicht mehr zur Fortpflanzung dienen kann; andererseits wird es besonders von Männern als endgültiges Altgewordensein erlebt, wenn sie sexuell nicht mehr aktiv sind. Dabei spielen somatische Ursachen oft eine wesentliche Rolle. Aber auch die Erwartung, irgendwann sei mit der Sexualität Schluß, kann bewirken, daß es dann tatsächlich nicht mehr zur sexuellen Betätigung kommt; die Prophezeiung erfüllt sich.

Was das Somatische angeht, ist nicht nur bei der Sexualität, sondern auch in einem allgemeineren Sinn davon auszugehen, daß die interindividuellen Unterschiede im Gesundheitszustand der Alten groß sind. Das hängt von der Konstitution ab, aber auch von den Beanspruchungen durch das Leben, im Beruf und in der Freizeit. Ich habe als Arzt Siebzig- und Achtzigjährige kennengelernt, die intaktere Gelenke hatten als viele Fünfzigjährige. Große interindividuelle Unterschiede gibt es auch beim Zustand der Gefäße und damit in den Ausprägungen der Cerebralsklerose und den Manifestationen koronarer Herzkrankheit.

Die sexuellen Möglichkeiten alter Männer unterscheiden sich erheblich. Hier sind die Unterschiede wesentlich größer als in der Adoleszenz, wo somatische Ursachen bei sexuellen Störungen nur selten eine Rolle spielen. So wird diese Fähigkeit zur sexuellen Aktivität von alten Männern oft als ein wesentliches Kriterium dafür angesehen, ob sie nun »zum alten Eisen gehören« oder nicht. Der Erwartungsdruck auf das sexuelle Interesse und die sexuelle Aktivität der Frau im höheren Alter war bisher gering, scheint aber deutlich anzuwachsen. Die Frauen machen sich mehr Sorgen wegen des Schwindens ihrer physischen Attraktivität, die Männer mehr Sorgen wegen des Schwindens der sexuellen Funktion. Viele alte Männer zeigen ungefragt ihr Interesse an jungen Frauen und implizieren damit, daß sie mit den jungen Frauen auch noch etwas anfangen könnten. So wird von Hans Albers erzählt, daß er sich gerne mit jungen Frauen zeigte und den Eindruck erweckte, er »hätte etwas« mit ihnen, obwohl das nicht der Fall war. Tatsächlich bleibt das Interesse der alten Männer daran, mit attraktiven Frauen umzugehen, oft lange Zeit erhalten; selbst dann, wenn die sexuelle Funktion nicht mehr möglich ist. Das verschwindet oft erst beim Eintreten einer Altersdepression.

Wer nicht mehr mitspielen kann, wird vielleicht gern Schiedsrichter. Manche alten Männer geben sich als »Frauenkenner« in dem Sinn, daß sie das Aussehen von

Frauen nicht nur wahrnehmen, sondern auch differenziert beurteilen, ähnlich wie man ein gutes Essen oder einen guten Wein beurteilt, wobei sie sich aber auf das Aussehen als Grundlage ihrer Beurteilung beschränken. Manchmal greifen sie auf frühere Erfahrungen zurück und sagen zum Beispiel, daß zu einer Frau mit einem bestimmten Aussehen ein bestimmtes Temperament und bestimmte Vorlieben im Bett gehören.

Alte Frauen beziehen sich in der Beurteilung von Männern oft auf deren Zuverlässigkeit und Charakterstärke, wenn sie mit jüngeren Frauen über Männer reden. Sie sehen sich meist mehr als Berater für die Wahl eines Dauerpartners denn als Berater für die Wahl eines Mannes nur fürs Bett. Bei den alten Männern ist es eher umgekehrt, obwohl auch die sich über die Eignung einer Frau für eine Dauerpartnerschaft auslassen können. In den jüngeren Männern und Frauen sehen die Alten, wenn sie über Sexualität und Partnerschaft sprechen, oft interessierte, gleichzeitig aber auch skeptische Zuhörer. Junge Menschen haben von alten oft die Vorstellung, es sei in deren Jugendzeit sehr viel prüder und, was das Verhalten angeht, sehr viel restriktiver zugegangen als heute. Die Vorstellung der Jungen, die Alten würden keine Sexualität mehr praktizieren wollen oder darauf verzichten, das zu tun, obwohl sie es vielleicht wollen – eine Vorstellung, die man ja schon bei Kindern findet, wenn mit einem gewissen Abstand ein weiteres Kind geboren wird – dehnt sich so auf die Vergangenheit der Alten aus, die der junge Mensch als Elternfiguren wahrnimmt. Natürlich gibt es da große Unterschiede zwischen den Sozialschichten, zwischen Religionsgemeinschaften etc. Größere sexuelle Freiheit gab es in der heutigen Großelterngeneration in weiten Bereichen der akademischen Mittelschicht. Die Unterschicht und die untere Mittelschicht waren sehr viel weniger frei, so daß von den jungen Leuten mit Recht große Unterschiede zwischen damals und heute angenommen werden. Natürlich dient die Annahme, die Eltern seien an Sexualität nicht mehr interessiert, auch dem Vermeiden der Rivalität. Vor allem ältere, im Beruf erfolgreiche und angesehene Männer sind ja auch für junge Frauen interessant, was die jungen Partner solcher Frauen sehr beunruhigen kann.

Die Weisheit des Alters

Von der Weisheit des Alters halte ich nicht viel. Man wird nicht allein dadurch weise, daß man alt wird. Menschen mit gesundem Menschenverstand werden mit zunehmenden Alter oft als Ratgeber für junge Leute geeigneter, weil sie nicht mehr die gleichen Interessen haben wie die jungen und deshalb nicht mit ihnen in Konkurrenz stehen. Andererseits passen die Ratschläge der Alten gerade in unseren schnellebigen Zeiten, da die Gesellschaft sich von Jahrzehnt zu Jahrzehnt ändert, oft schlecht auf die Lebenssituation der jungen. Was der Alte den Jungen oft weitergeben kann, ist seine Erfahrung in Bereichen, die sich nicht so schnell ändern. Tatsächlich gibt es Lebensbereiche, in denen sich die Art und Weise, wie Menschen reagieren, über die Jahrhunderte, ja über Jahrtausende wenig geändert hat.

Ebenso wie viele Reaktionsweisen im Partnerschaftsverhalten heute in den verschiedensten Kulturen sehr ähnlich sind (vgl. z.B. Buss 1994 mit der dort zitierten Literatur), sind bestimmte Reaktionsweisen, zum Beispiel Eifersucht, im zeitlichen Längsschnitt ähnlich geblieben, und sie treten in ähnlichen Situationen auf, obwohl sie sozial überformt sein können. Bekanntlich ist es nicht lange her, daß Eifersucht abgelehnt wurde. Sie galt als Ausdruck bürgerlichen Besitzstrebens. Die Menschen waren dennoch eifersüchtig und die Eifersucht trat in den gleichen Situationen so auf, wie sie die Dichter vor tausend oder zweitausend Jahren beschrieben haben. Entsprechend kann man wohl davon ausgehen, daß ein alter Mensch mit einem jungen über das Thema Eifersucht sprechen und sich dabei verständlich machen und ihm vielleicht brauchbare Ratschläge geben kann, auch indem er sich auf frühere, eigene Erfahrungen bezieht.

Andererseits unterscheiden sich sehr alte Menschen von jungen in vieler Hinsicht kulturunabhängig so stark, daß ihre Ansichten überhaupt nicht mehr auf die Situation junger Menschen passen.

Das Sicherheitsbedürfnis nimmt im Alter bekanntlich zu, die Ängstlichkeit in den verschiedensten Situationen wird größer. Besitz wird, da er nicht mehr aktiv erworben werden kann, als viel bedeutsamer angesehen, es sei denn, er ist zum Leben nicht nötig und kann deshalb verschenkt werden, zumindest zu einem Teil. Ich bin schon darauf eingegangen, daß junge Leute oft glauben, die Alten bräuchten weniger Geld, während es doch tatsächlich so ist, daß sie mehr brauchen als Junge, um einigermaßen bequem leben zu können. Geld gibt den alten Menschen auch Möglichkeit, ihre Zeit sinnvoll zu nutzen, zum Beispiel, zu reisen, Bücher anzuschaffen und ein Hobby zu betreiben.

Was ein alter Mensch zu Lebensproblemen junger Menschen sagt, kann nützlich sein, in der Regel aber nur zusammen mit dem Rat Jüngerer. Freilich ist es auch so, daß alte Menschen den jungen noch eher raten können, als junge den alten. Alte sind einmal junge gewesen, junge waren noch nie alt. Junge können den Alten aber vermitteln, was man in der heutigen Zeit von jungen Menschen erwarten kann und wie man mit ihnen am besten zurechtkommt.

Alter und Gedächtnis

Bei der Beschreibung des Altwerdens bin ich bisher von der Fiktion ausgegangen, daß seine geistigen Fähigkeiten dem alternden Menschen immer gestatten, Änderungen in seinen äußeren Lebensverhältnissen und in seinen körperlichen Möglichkeiten zu beobachten und zu erleben und – mehr oder weniger gut – zu verarbeiten. Die Möglichkeit, sich mit dem Verlust und den Einschränkungen des Altwerdens *auseinanderzusetzen,* hängt quantitativ und qualitativ von der Primärpersönlichkeit ab, daneben natürlich auch von dem, was erhalten bleibt und vielleicht sogar neu gewonnen werden kann, zum Beispiel eine größere Unabhängigkeit, die durch den Verlust, aber auch durch ein Aufgeben der Verantwortlichkeit für andere entsteht. Man denke an die »unwürdige Greisin« von Bert Brecht (1990), die ein freies Leben führte, als sie niemanden mehr hatte, der von ihr abhängig war.

Natürlich hängt die Fähigkeit, das Alter zu verarbeiten, auch davon ab, wie viel an Kräften für die Bewältigung von Alltagsaufgaben eingesetzt werden muß und wie viel dann für das Verarbeiten bleibt; das wiederum von der Funktion der Beziehungen und der ökonomischen Lage des alternden Menschen; ganz stark sicher auch von dem, was ihm an narzißtischer Zufuhr bleibt – vorwiegend aus allem, was er früher gemacht hat, aber auch daraus, wie Menschen sich in der Gegenwart ihm gegenüber einstellen. Der alternde Mensch braucht nicht weniger, sondern mehr Bestätigung; vor allem dann, wenn er sie nicht aus einem Reservoir von Leistungen der Vergangenheit beziehen kann.

Die Fähigkeit, das Altern zu verarbeiten, hängt aber nicht nur von der Primärpersönlichkeit, den bestehenden Beziehungen, der bisherigen Lebensleistung und dem in Beziehungen früher Gelebten ab, sondern auch von der Leistungsfähigkeit des psychischen Apparates. Viele Ich-Funktionen brauchen das Gedächtnis, wenn sie zur Verfügung bleiben sollen. Das gilt nicht nur für sehr komplexe Ich-Leistungen, wie zum Beispiel das kreative Schreiben, von dem Max Frisch in einem Fernsehinterview gesagt hat, daß es nur noch schwer möglich ist, wenn das eben Gedachte nicht im Kopf behalten werden kann. Es gilt auch für einfachere, natürlich immer noch komplexe Ich-Funktionen wie die Adaptation in Beziehungen, wozu das Beurteilen der eigenen Wirkung auf andere gehört, aber auch schon die einfachere Funktion der Realitätsprüfung, die nicht nur eine Querschnitt- sondern auch eine Längsschnitt-Dimension hat.

Bekanntlich bleibt bei der Demenz (hirnorganisch bedingte, sekundäre Einschränkung der Intelligenzfunktionen) das Langzeitgedächtnis länger erhalten als das Kurzzeitgedächtnis. Damit bleiben dem Dementen die inneren Bilder vom Menschen, mit dem er umgegangen ist und die Erinnerungen an die Beziehungen zu ihnen auch zur Verfügung, wenn Komplexeres aus der Gegenwart nur noch teilweise wahrgenommen und ins psychische Innere integriert werden kann. In der Generationenfolge innerer Objekte klafft nun eine Lücke zur Gegenwart hin. Das gilt besonders für die inneren Bilder vom Menschen, mit denen der alte Mensch in der Gegenwart umgeht. Die werden in ihrer, in die Gegenwart hineinreichenden Entwicklung oft nicht mehr verstanden; ein Grund mehr, warum der alternde Mensch sich den Beziehungen der Vergangenheit zuwendet. Beziehungspersonen, die schon tot sind, konnten sich nicht mehr in einer nicht verstehbaren Weise entwickeln. Der alte Mensch kann die Illusion bewahren, die Vergangenheit sei verstehbar gewesen, die Gegenwart aber nicht; es liege nicht an ihm, wenn er die Gegenwart nicht versteht. In der Vergangenheit hat er die Menschen doch verstanden. In seinem Buch »Le Psychoanalyste et le Vieillard« hat Gérard le Gouès (1991) dargelegt, welche schlimmen Folgen für das Befinden eines alten Menschen der Verlust selbst der früheren Objektbilder haben kann. Der alte, demente Mensch fühlt sich innerlich einsam. Oft projizieren alte Menschen ihre aktuellen Selbstanteile auf andere Menschen, mit denen sie umgehen, was zu paranoiden Beziehungsideen führen kann. Weil er Selbstanteile projiziert und sie deshalb nicht als eigene erkennen kann, glaubt der Alte, etwas in anderen Menschen wahrzunehmen, das er bei sich selbst nicht finden kann. In Wahrheit handelt es sich aber um eine Inszenierung zwischen dem bewußten, erlebten Selbst und dem unbewußten Selbst, das projiziert wird.

Projiziert der alte Mensch nicht, kann er mit den jeweils aktuellen Verhaltensweisen der äußeren Objekte freundlich umgehen. Verhalten sich die Objekte ihrerseits freundlich und frustrieren sie nicht, kann er ihnen gegenüber auch freundlich sein. Die Personen, die mit dem alten Menschen umgehen, schaffen sich aber kein Kapital des Zutrauens in der inneren Welt des alten Menschen, weshalb der ihnen ein späteres, frustrierendes Verhalten so übel nehmen kann, als hätten sie sich nie anders als frustrierend benommen.

Besonders schwierig wird es, wenn äußere Objekte verloren gehen, zum Beispiel weil Menschen sterben, mit denen der alte Mensch bisher umgegangen ist.

Aggression gegenüber den Menschen, die den Alten »verlassen«, kann offen zutage treten. Sie kann, wie oben schon beschrieben, projiziert werden. Die Aggression kann sich aber auch gegen das Selbst richten. Es kommt dann zu depressiven Reaktionen, die schwer zu beeinflussen sind.

Da psychotherapeutische Maßnahmen bei dementen Patienten deshalb nicht wirksam werden können, weil das, was der Psychotherapeut sagt und tut, nicht erinnert wird, können die Lage und der Zustand des depressiven Menschen, von medikamentösen Beeinflussungen abgesehen, eigentlich nur durch eine Beratung jener Menschen verändert werden, die mit dem alten Menschen umgehen. Es ist dann noch die Frage, ob eine solche Beratung die gewünschten Verhaltensänderungen erzeugt. Das wird von den Möglichkeiten, aber auch von der Motivation der Menschen in der Umgebung des dementen Alten abhängen; seien es Familienangehörige, sei es das Personal in einem Altersheim.

Ich sagte es schon: Menschen altern sehr unterschiedlich. Das hängt von biologischen Faktoren des Individuums ab, aber auch davon, ob die Ich-Funktionen noch beansprucht und dadurch trainiert werden. Man kann immer wieder beobachten, daß Menschen in den Siebzigern und noch ältere, komplexe und wichtige Aufgaben bewältigen können. Zum Beispiel als Regierungschef oder als Staatsoberhaupt. Man denke an den gegen Ende seines Mandats 77jährigen François Mitterrand, der trotz einer Prostatakrebserkrankung, die ihn allgemein schwächte, in Fernsehinterviews völlig präsent erschien und geschickt mit den Fragen der Interviewer umging, auch wenn er sie anscheinend nicht erwartet hatte. Hier spielen Biologie und Umwelteinflüsse in gleichem Maße zusammen wie auch sonst, wenn es darum geht, was ein Mensch kann und wie er sich verhält.

Die Tatsache, daß manche Menschen aufgrund günstiger biologischer und sozialer Voraussetzungen auch in fortgeschrittenem Alter noch leistungsfähig bleiben, wird von alten Leuten, die das nicht mehr sind, oft als Begründung dafür herangezogen, daß sie ihre Ämter und Ehrenämter nicht aufgeben mögen, obwohl die Menschen in ihrer Umgebung deutlich wahrnehmen, daß sie nicht mehr in der Lage sind, diese auszufüllen. Eigene Funktionsdefizite werden geleugnet – warum soll man denn weniger leistungsfähig sein als Adenauer oder Mitterrand?

Selbstkritik kann gegen Ende des Lebens extrem werden, vor allem im Rahmen einer depressiven Verstimmung. Sie kann aber auch auffallend fehlen, etwa dann, wenn der alte Mensch durch Leugnen und durch Festhalten an dem, was er eben hat, zum Beispiel ein Amt oder Ehrenamt, versucht, eine narzißtisch überhöhte Vorstellung vom eigenen Selbst zu bewahren und aufrechtzuerhalten.

In der zeitlichen Längsschnittdimension unterscheiden sich kreative Tätigkeiten stark voneinander. So ist das Schreibenkönnen im kreativen Sinne vermutlich eine Fähigkeit, die im hohem Alter nur selten in guter Qualität erhalten bleibt. Zum Schreiben braucht man Übersicht. Übersicht kann man nur gewinnen, wenn man in der Lage ist zu merken, was man eben gedacht oder in einem Manuskript gelesen hat. Leichter ist es, ein Bild in der Gänze aufzufassen, an dem man malt. Man braucht nur etwas zurückzutreten, um einen Gesamteindruck zu bekommen. Vielleicht ist das ein Grund, warum relativ viele Maler noch in hohem Alter produktiv sein können.

Manchmal wird gesagt, daß alte Menschen sich kindisch oder wie Kinder benehmen. Psychoanalytiker sind geneigt, das als Ergebnis eines regressiven Prozesses aufzufassen. Der alte Mensch wird mit der Gegenwart nicht mehr fertig und zieht sich deshalb in ein Verhalten zurück, das er als Kind hatte, als er partiell hilflos war. Viele als regressiv eingeordnete Phänomene dürften aber auf den Verlust der Fähigkeit zurückzuführen sein, soziale Situationen zu erfassen.

Literatur

Abelin, E.L. (1971): The role of the father in the separation-individuation process. In: McDevitt, J.B. u. Settlage, C.F. (Hrsg.), Separation – Individuation. International Universities Press, New York, S. 229-252.

Abelin, E.L. (1975): Some further observations and comments on the early role of the father. Int. J. Psychoanal. 56, 293-302.

Berger, G. u. Gerngross, G. (1994): Die neu gewonnene Freiheit. Kreuz, Zürich.

Bowlby, J. (1975): Bindung. Kindler, München. (Engl.: Attachment and Loss, Volume I, Attachment, Hogarth, London 1969).

Brecht, B. (1954): Der kaukasische Kreidekreis. Suhrkamp, Frankfurt, 1962.

Brecht, B. (1990): Die unwürdige Greisin und andere Geschichten. Suhrkamp Taschenbuch 1746, Suhrkamp, Frankfurt, 1990.

Buddeberg, C.: Workshop über Sexualstörungen. Kongreß Koevolution, Zürich 1994.

Bühler, K. (1918): Abricht der geistigen Entwicklung des Kindes. Jena. Wissenschaft und Bildung Bd. 156.

Buss, D. (1994): Die Evolution des Begehrens. Kabel, Hamburg.

Dornes, M. (1993): Der kompetente Säugling. Die präversale Entwicklung des Menschen. Fischer, Frankfurt a.M.

Elhardt, S. (1971): Tiefenpsychologie. Kohlhammer, Stuttgart, 13. Aufl. 1994.

Erikson, E.H. (1966): Identität und Lebenszyklus. Suhrkamp, Frankfurt a.M.

Freud, A. (1936): Das Ich und die Abwehrmechanismen. Kindler, München.

Freud, S. (1905): Drei Abhandlungen zur Sexualtherorie. G.W. V, S. 27-145.

Hendrick, I. (1943): Work and the pleasure principle. Psychoanal. Quart. 12, 311-329.

Hoffmann, S.O. und Hochapfel, G. (1995): Neurosenlehre, Psychotherapeutische und Psychosomatische Medizin, Schattauer, Stuttgart

König, K. (1992): Kleine psychoanalytische Charakterkunde. Vandenhoeck & Ruprecht, Göttingen, 3. Aufl. 1995.

König, K. (1993): Einzeltherapie außerhalb des klassischen Settings. Vandenhoeck & Ruprecht, Göttingen.

König, K. (1995): Die Fixierung in der Dyade. In: Buchheim, P., Cierpka, M., Seifert, T. (Hrsg.): Konflikte in der Triade. Spielregeln in der Psychotherapie. Weiterbildungsforschung und Evolution. Springer, Berlin etc.

König, K. u. Kreische, R. (1991): Psychotherapeuten und Paare. Vandenhoeck & Ruprecht, Göttingen, 2. Aufl. 1994.

Le Gouès, G. (1991): Presses Universitaires des France. Paris.

Lichtenberg, J.D. (1991): Psychoanalyse und Säuglingsforschung. Springer, Berlin/Heidelberg/New York.

Mentzos, S. (1982): Neurotische Konfliktverarbeitung. Kindler, München.

Mertens, W. (1992): Entwicklung der Psychosexualität und der Geschlechtsidentität. 2 Bde. Kohlhammer, Stuttgart.

Nuland, S.B. (1994): Wie wir sterben: Ein Ende in Würde. Kindler, München.

Parkinson, C.N. (1994): Parkinsons neues Gesetz. Rowohlt, Reinbek bei Hamburg.

Reich, G. (1988): Partnerwahl und Ehekrisen. Asanger Verlag, Heidelberg, 4. Aufl. 1993.

Vogel, C. (1989): Vom Töten zum Mord. Das wirkliche Böse in der Evolutionsgeschichte. Hanser, München.

Watzlawick, P.; Beavin, J.H. u. Jackson, D.D. (1969): Menschliche Kommunikation. Verlag Hans Huber, Bern/Stuttgart/Wien.

White, R.W. (1963): Ego and Reality in Psychoanalytic Theory: A Proposal Regarding Independent Ego Energies. Psychol. Issues Monograph No. 11. International Universities Press, New York.

Wenn Sie weiterlesen möchten ...

Karl König
Kleine psychoanalytische Charakterkunde

Jeder Mensch empfindet und verhält sich so, wie es seine Charakterstruktur zuläßt. Die sechs hervorstechenden Charaktertypen – narzißtische, schizoide, depressive, zwanghafte, phobische und hysterische Struktur – sind allesamt ganz eigener Ausdruck eines Grundkonflikts, der früh im Leben ungelöst geblieben ist.
Tatsächlich treten diese Charakterstrukturen bei niemandem rein auf; aber die eine oder andere herrscht doch vor und bestimmt das Erleben des Menschen, seine Berufswahl und Einstellung zur Arbeit, die Partnerwahl und die Ausgestaltung der Ehe, das Freizeitverhalten und die Genußfähigkeit.
Karl König hat das Buch aus reicher klinischer Erfahrung geschrieben; ein Buch nicht über Patienten, sondern für alle, die für ihr eigenes Verhalten und für das ihrer Mitmenschen ein psychoanalytisches Verständnis suchen.

Karl König
Charakter und Verhalten im Alltag

Jede Charakterstruktur hat natürlich – wir sind freie, selbstbestimmte Menschen – eine ganze Bandbreite von Möglichkeiten, wie sie auf die Anforderungen des Lebens und die Mitmenschen reagieren kann.
Aber das Grundmuster setzt doch bestimmte Grenzen, und die sind dann nahezu unüberwindbar.
Im Miteinander der unterschiedlichen Charaktere entfaltet sich das bunte Leben in aller Vielfalt. Wenn man Königs Blick folgt und genau hinsieht, wird es erklärlich und sogar vorhersehbar.

VANDENHOECK TRANSPARENT

Band 21: Rainer Schönhammer

Das Leiden am Beifahren

Frauen und Männer auf dem Sitz rechts. 1995.
ISBN 3-525-01716-2

Der Psychologe Rainer Schönhammer hat alle Gedanken zusammengetragen, die schlaglichtartig unser Verhalten im Auto erklären. Er hält überraschende Einsichten bereit.

Band 22: Harry Stroeken

Tochter sein und Frau werden

Bericht einer geglückten Psychoanalyse. Aus dem Niederländischen. 1995.
ISBN 3-525-01717-0

Folgsame Kinder werden oft zu todunglücklichen Erwachsenen. In diesem Buch ist Schritt für Schritt festgehalten, welche Mühe es manchmal braucht – und wieviel verständnisvolle Hilfe in einer Psychoanalyse –, um im Leben mehr zu werden als eine folgsame Tochter, nämlich eine Frau.

Band 24: Sigrid Lichtenberger

Als sei mein Zweifel ein Weg

Gebet-Gedichte. 1995.
ISBN 3-525-01811-8

Für Menschen, die Glauben nicht einfach als Besitz ansehen, sondern suchen und Gott bedrängen, sind diese Gebete aufgeschrieben. Sie fragen, ermutigen aber auch zu schöpferischer Phantasie.

Band 25: Heinz Günther Klatt

Alle die Jahre – wo sind sie hin?

Erfahrungen mit dem Gedächtnis im Alter. 1995.
ISBN 3-525-01812-6

Der Autor zeigt, daß der alte Mensch wesentlich Gedächtnis ist – weit zurückgewandt, aber auch nach vorn gerichtet. An Dichterworten belegt er diese Einsichten.

Band 26: Martin Koschorke

Die Liebe in den Zeiten der Wende

Aufzeichnungen aus der Eheberatung. 1995.
ISBN 3-525-01813-4

Lebensgeschichten aus beidenTeilen Deutschlands in einer außergewöhnlichen Zeit: Sie berichten von Liebe und Trennung, Flucht und Sich-Wieder-Finden, von den Wonnen der Freiheit und neu entstandenen Unsicherheiten.

Je Band ca. 128 Seiten, kartoniert

V&R
Vandenhoeck & Ruprecht